아시아 작가들
'어머니' 이야기

아시아 작가들 '어머니' 이야기

초판발행 2025년 12월 15일

발행 및 편집인 신상성
지은이 신상성 편
주간 목진숙
편집위원 유자효 박동관 최창영 신수연
북 디자인 명성문화센터

발행처 아시아예술출판사
농협 351 1056 7903 63 (아시아)
등록번호 2018-000098호
연락처 T. 010 2422 5258
writer119@naver.com
주소 경기도 안산시 상록구 감골 2로58 선경(아) 102-1202

ISBN 979-11-92713-29-8
값 18,000원

* 이 도서의 국립중앙도서관 출판예정도서목록(CIP)은 서지정보유통지원시스템 홈페이지(http://kolis-net.nl.go.kr)에서 이용하실 수 있습니다.

아시아 작가들 '어머니' 이야기

Mother Stories from Asian Writers
亚洲作家笔下的母亲故事
アジアの作家による母の物語

신 상 성 申相星 편

아시아예술출판사

'K 한국문학신문' 작가방 모집

'K 한국문학신문'은 정통 한국문학을 한류와 함께 세계화 시키기 위하여 AI를 기반으로 하는 인터넷, 유튜브, 각쫑 SNS 등으로 적극 개발해 나갈 것이다. 전세계 독자들은 지구촌 어디에서든 24시간 한국문학 작품을 쉽게 다운 받을 수 있는 플랫폼으로서 첨단 시스템이다.

(* 기존의 카톡, 카페, 블로그 등의 한계를 극복 무제한 저장 및 판매)

1. '유명작가방'은 작가 개인의 문학서재이며 특별 미니홈피이다. 평생 쓴 모든 작품(약100권 까지)을 영원히 저장할 수 있으며 동시에 판매도 할 수 있는 첨단 시스템이다.

2. 전세계 독자들은 '유명작가방'에서 작품을 직접 선택하여 간단하게 결재할 수 있다. (* 첨단 결재방법으로 직접 판매도 가능)

3. 유명 문학교수들의 문학강의를 외국문단과 해외대학 한국학과 등에 제공할 것이며, 유튜브 등에서도 일반 독자들에게 제공할 것이다. 독자들은 작가 커뮤니티에서 자유롭게 토론도 하고 개인적인 문학 멘토도 받을 수 있으며, 국제교류 등에도 참여할 수 있다.

4. 교보, 네이버 등 대형 유통시장 등에서도 판매하지만 본지의 특별한 디지털 판매방식(카드, 토큰) 등으로 작가들의 개별작품을 직접 판매할 수 있다. (인세 30%)

5. 입금: 농협(아시아예술) 3511056 790363
- 연회비는 29만원/ 본지에 선정된 작가만 추후에 입금합니다.
- 문의사항 / 총무처 (T. 010 2422 5258) * 문자 남겨주세요.

6. 원고제출; writer119@naver.com
(유명작가방 - 작가이름/ 반드시 하나의 파일에 넣어서 제출)
① 작가사진, 프로필(구체적)
② 작가정신(저서별: 작품안내, 특징, 철학 등)
③ 작품 리스트
- 장르별: 시(시조), 수필, 소설, 평론, 시낭송, 디카시, 아동문학 순
- 저서별: 제목, 개요. 줄거리, 주제, 배경 등 (* 각 항목 간단명료)

'K 한국문학신문' 창간위원회
장 석 영 (대한언론인회회 회장)
신 상 성 (서울문예디지털대학교 설립자)

들어가면서

아시아 작가들의 '어머니' 주제로 단행본을 기획했다. 아시아 작가들은 '어머니'를 각각 어떻게 인지하고 있는지 이번 작품 속에서 감상할 수 있는 기회를 기획해 보았다.

동양 특히 한국, 중국, 일본 사람들은 '어머니'에 대한 특유의 공통적 분모를 가지고 있는 것 같다. 수천년간 儒佛仙 사상과 함께 유교적 이념의 뿌리가 유난하다. '어머니'에 대한 맹목적이고 동물적인 애정을 공유하고 있었다. 특유의 우주적 생명감 '孝'(하나의 생명이 하나의 햇빛을 받아 그 땅에서 자식으로 태어남) 사상이다.

시베리안 샤머니즘의 하나로서 檀君의 祭祀의식으로 재확인되어 지금도 계승되어 내려오기도 한다. 지구촌 어느 민족, 어떤 나라이든 천성적인 생명감은 비슷하다. 어머니는 우선 자식들에게 희생적이고 맹목적이다. 그러나 서양의 기독교 사상을 바탕으로 한 母情과는 또 비교되는 것도 같다.

그동안 아시아작가들의 문학작품 공동발간을 다양한 주제로 지속해왔다. 순수한 문학활동이지만 때로 과도한 정치사회적인 문제에 부딪히기도 한다. 올봄부터 '어머니' 원고를 수집했으나 의외로 우여곡절이 많아 이제야 겨우 책이 나오게 되었다. 각 나라별로 출판환경이나 법적인 문제와 충돌이 되었다.

특히 공산주의 국가들의 경우, 외국 출판이 매우 엄격하여 마지막에는 몇 명 남지 않고 거의 다 빠져나가면서 차질이 생기고 출판이 늦어졌다. 일본 작가들도 의외로 예민했다. 그러나 세계평화와 인류행복을 위해 어찌되었든 앞으로도 계속 이런 기획을 이어 나갈 것이다.

2025년 송년회 즈음에
서울에서 신 상 성 올림

한국작가

중국작가 中国作家

일본작가 日本作家

한국 작가

유자효 장석영 신상성

최창영 김용길 정판정

유채준 고안나 심봉구

박동관 한성래 김귀순

신철수 박이건 최보중

김정희 김지영 김현주

박승옥 박은자 유영숙

유호근 전병하 서운근

한천민

유 자 효
柳 子 孝

yoojahyo@hanmail.net

· 1947년 부산 출생. 서울대 졸업
· KBS 유럽총국장, SBS 이사
· 한국방송기자클럽회장, 한국시인협회장 역임
· 신작시집 『시간의 길이』 『은하계 통신』(프랑스출간)
· 만해대상, 한국문학상 수상

유자효 어머니

유자효 초교 졸업 아버지와

어머니 1
- 梁山 지나며

유자효

梁山 어귀에서 어머니를 만났다
이상하여라
우리 집 앨범 깊숙이
살이 후덕한 처녀의 모습으로
어머니는 그렇게 걸어가시고
“어머니”
내가 불렀으나 그냥 빰을 붉힌 채
다소곳이 마냥 멀어지는 것이었다
풀밭엔 벌레가 울고
달이 너무 밝았다

어머니 2
- 紙燈

불을 밝히면
다소곳이 이루어지는 빈터에
젖빛으로 흔들리는 물길을 마련하고
어머니는 물레를 자으신다

끝없이 풀리는 실의 한끝을
탯줄처럼 목에 감고서
밤을 건너는 나의 울음은
새벽녘 문풍지를 흔드는
쓸쓸한 들판의 바람이 된다

시간은 깊이 떨어져 내려
한 곳에서 일렁이는
갈매 빛 적막

잠든 나의 곁에서
홀로 아파하던 어머니는
무명옷 곱게 입고 떠나가시고
그 물길의 저편에서
이제는 홀로 내가 떠나고 있다

길 떠나는 가족

유자효

천재 화가 大鄕 李仲燮의 유화 '길 떠나는 가족'에는 한 사내가 수레를 끄는 황소의 고삐를 잡고 있다. 그는 한쪽 팔을 높이 쳐들고 하늘을 바라보며 득의의 자세를 취하고 있다.

수레에는 그의 세 가족이 타고 있다. 한복을 곱게 입은 그의 아내는 아들이 수레에서 떨어질까봐 붙들고 있다. 또 한 아들은 황소꼬리를 잡고 장난을 친다. 두 아이는 발가벗고 있고, 황소의 등에는 꽃다발이 얹혀 있다. 행복한 한 가족의 출발을 보여주는 이 그림은 그러나 매우 슬픈 사연을 담고 있다.

이 그림을 그린 李仲燮은 1916년 9월16일 平安南道 平原郡에서 출생했다. 아버지가 일찍 작고해서 외가가 있는 平壤으로 옮겼다. 외가가 풍족해서 중학교를 졸업하고 平安北道 定州에 있는 五山學校에 입학했다.

1936년에 日本 東京의 帝國美術學校에 입학하지만 이듬해 자유롭고 혁신적인 분위기의 文化學院으로 옮겨 졸업했다. 여기에서 후배가 되는 야마모토 마사코(山本雅子)를 만나 사랑하게 된다. 李仲燮은 1945년 해방 전에 귀국했는데, 그해 5월에 야마모토 마사코가 미군의 玄海灘 공습을 무릅쓰고 건너와서 元山에서 만나 결혼

한다. 이중섭은 야마모토 마사코를 남쪽에서 온 덕 있는 여자 南德이라 부르며 사랑했고 두 아들을 얻었다.

1950년 韓國戰爭이 터지자 李仲燮은 가족과 함께 월남해서 釜山과 統營 그리고 濟州道 등지를 다니면서 살았다. 먹을 것이 없어서 바닷가에서 게를 잡아먹었고, 그림재료를 살 돈이 없어 담뱃갑의 은박지에 그림을 그릴 정도의 극심한 가난에 시달렸다.

부인은 1952년에 두 아들을 데리고 일본으로 건너갔다. 가족이 그리웠던 李仲燮은 이듬해 노동으로 번 돈으로 마련한 선원증으로 일본으로 건너가 가족을 만났지만 1주일 만에 돌아온다.

1955년, 친구들의 도움으로 평생 처음이자 마지막인 전시회를 서울 미도파백화점에서 열었다. 그러나 그림을 사기로 한 사람들이 전후 어려운 형편에 작품료 지불을 차일피일 미루거나 먹을 것으로 대신하자 자괴감 속에서 거식증과 조현병에 시달린다. 1956년 9월6일 간염으로 서울 西大門 赤十字病院에서 향년 41세로 세상을 떠났다.

'길 떠나는 가족'은 그가 日本에 다녀온 이듬해, 세상을 버리기 2년전인 1954년에 그린 작품이다. 가족에 대한 그리움이 얼마나 간절했는지를 보여준다.

나는 日本 東京에 가서 마사코와 막내아들을 만난 적이 있다. 이제는 부인과 큰 아들은 이 세상 사람들이 아니다. 화가 李仲燮이 평생 그리워한 것은 가족이었다. 그러나 그는 전쟁과 가난 속에서 그 꿈을 이루지 못하고 죽었다. 그의 비극적 생애를 통해 우리는 가족의 소중함을 더욱 절실하게 깨닫게 된다. 그러나 우리는 평소 가족의 소중함을 얼마나 자주 잊고 사는가?

어느 집에나 있을 가족사진을 보고 쓴 나의 시가 있다. 가족사진 속의 가족은 행복하다. 모처럼 가족사진을 찍느라고 단장을 하고 잘 차려입고 사진관에 모였다. 하나 둘 셋 하는 사진사의 구령에 맞춰 환하게 웃으며 사진을 찍었다.

그러나 현재의 가족 상황은 다를지도 모른다. '아들은 집을 나가고/ 아버지는 말을 잃고/ 어머니는 깊은 잠에 못 든 지 오래됐'을지도 모른다. 실제 우리 주변에는 이런 가족들이 얼마나 많은가? 밝은 표정 뒤에 흐르고 있는 눈물을 보고 있는 시가 아니겠는가? 이렇게 이중성을 갖고 있는 것이 우리네 인생이 아니었던가?

장석영
張錫英

· (아호: 아산) 시인. 수필가, 행정학박사,
· 연세대 정외과, 동 행정대학원, 명지대대학원(행정학박사),
· (현)대한언론인회 회장, 한반도문학 회장, 삼강문학회 회장
· 한국문인협회, 국제PEN한국본부, 등 회원, 동작문인협회 고문, (전)서울신문 논설위원, 한국컨설팅산업정책연구원 원장
· 시집: 『사랑하는 사람은 늙지 않는다』
· 수필집: 『현문우답, 들꽃 피는 마을』(전자책), 『당신의 목자는 누구십니까?』
· 전문서적: 『정부와 언론, 언론과 정부』 외

어머니의 사랑은

장석영

어머니의 사랑은
순백으로 피어나는
눈꽃입니다

더는 비길 데 없는
하아얀 고결입니다

어머니의 사랑은
오곡이 익어가는
가을입니다

더는 부족함이 없는
넘치는 풍요입니다

어머니의 사랑은
검게 타버린
숯덩이입니다

더는 탈게 없는
순결한 희생입니다

콩밭에서

어머니가 더위에도
밭고랑을 타고 앉아
콩밭을 매신다.
가끔 이쪽저쪽으로 기우는
어깨 너머로
둑 너머 해바라기가
흔들리며 꿈꾸고
넓은 밭은
바다처럼 까마득하기만 하다
어머니가 풀을 깨낼 때마다
끄덕끄덕 움직이는 호미
바람 한 점
구름 한 점
쉬어가지 않았다

신상성
申相星

writer119@naver.com

· 소설가, 문학박사, 동국대 국문학과 및 동 대학원 졸업
· [동아일보] 신춘문예 '회귀선' 소설당선(1979)
· [풀과별] 시 신인상 '경춘열차' 신석정 추천(1974)
· 서울문예디지털대학 및 FIJI 수바외대 설립자 겸 초대총장
· (사)한중문예콘텐츠협회이사장, 한반도문학발행인
· 용인대 명예교수, 중국 낙양외대 초빙교수
· 수상/ 국가유공자(월남전), 한국문학상, 중국장백산문학상 등
· 저서/ (소설책) 목불, (평론책) 한국소설사의재인식 등
· 번역책/ 회귀선(홍콩문예출판사) 등 약50여권

신상성 서재

김귀순

신상성 부부

신상성 가족사진

김귀순 한복

첫딸 구파발에서

두경이와 현수

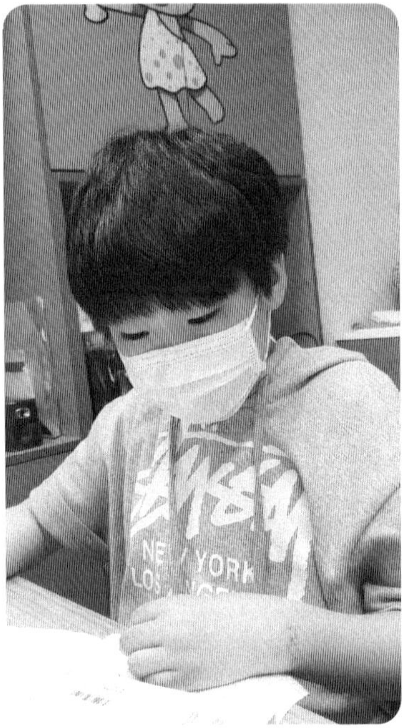

근이

준과 윤

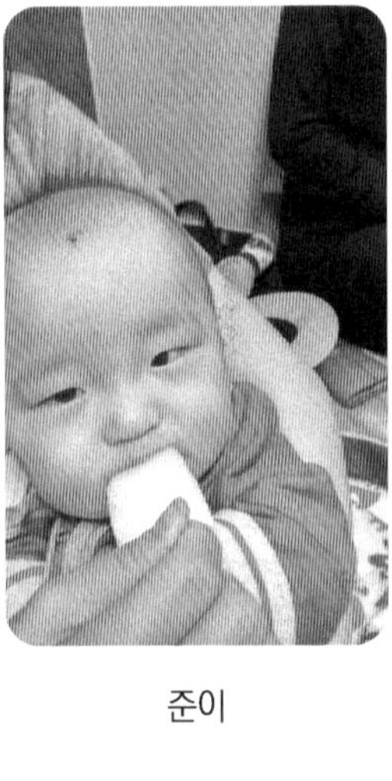

준이

우리 어머니는 무당일까

신상성

1.

우리 어머니는 무당인가, 무당일까, 평생 시달려 왔네. 위험한 나의 사춘기 때에도 어머니는 굳이 이혼을 고집했다네, 우리 식구들 누구도 크게 한번 웃어보지 못하고 살았어요. 사춘기 이전에도 그 이전에도 어머니는 아버지를 울리고 좌충우돌 주변 친지들도 함부로 물어뜯는 불독 맹견이었어요. 엄니는 전생에 무당이었을까, 이생에서도 무당이 못 되자, 이무기가 된 것일까, 북극성 인연법은 신당동 옛 전차궤도에도 별똥별로 어김없이 추락한거야. 덕분에 우리에게 가정행복은 사치였어요. 피눈물 딱지를 강력 딱풀로 눈썹에 늘 붙이고 살아야 했지. 밥 굶기를 밥 먹 듯하고 밤새 냉골에서 떨어야 했어.

우리 형제가 월남 전쟁터에서 보낸 핏덩이 같은 전쟁수당도 봄날 안개 같이, 아편 파란색 담배연기 같이 엄니는 날려버렸네. 시퍼렇게.

2.

손주들 기저귀 한번 안 갈아주던 엄니는 당당하게 하루종일 양담배만 피우던가, 이웃집 약국에 가서 링겔 주사를 달랑 꽂고 눕던가, 우편국 아저씨에게 며느리가 밥을 안 줘서 도망나왔다며 거짓말을 하던가, 동네동네 돌면서 찌라시도 거푸 날렸어. 치매 아닌 치매 같이 평생 백여우 고자질로 살았다네, 무당이면서 아닌 척, 아니면서도 무당인 척 무서웠어. 그래도 오래오래 9순을 살았다네, 타클라사막 끝, 용문석굴 벽화에서 막 튀어나온 인연법인가, 바이칼호수 올혼 섬 오색 깃발 끝, 라마승 칼바람결에 이어진 이승의 인연인가, 우리 엄니는 후생에도 또 무당으로 환생할 것인가. 그래도 단 한 가지 포항제철 용광로 같은, 몽골 야생마 같은 무쇠 건강뼈 하나는 남겨주었네.

그래서 태평양 이스터섬 모아이Moai 해변가 돌인형으로 나는 서있네.

우리 어머니는 무당인가, 무당일까, 평생 살아왔네. 보광사 보살이여.

최창영
崔敞詠

cy770@hanmail.net

· 시인, 수필가, 칼럼니스트
· 신한대 국제어학과 명예교수
· AI 인공지능 인문학연구소장, 한국번역학회 이사
· 한국대학 영어교육학회 부회장
· 한맥문학 수필 신인상(2019년), 한반도문학 시부문 신인상(2022년)
· 오늘의 작가상(2024)
· 시집: 『우주 내비게이션』(2025)

최창영 어머니

부모님

陶山書院

흰나비 어머니

최창영

봄날
노란 배추꽃밭의 팔랑이는 흰 나비와 어머니
밭둑에서 기다리던 어린 나는
샛노랗던 배추꽃과 나비 날개춤에 눈부시다
고요한 들판의 아름다운 축제
밀려드는 그리움 향긋한 고독
그리움의 끝은 언제쯤일까
눈을 감아도 날갯짓하는 흰나비의 하늘 몸짓
무덤가 진달래에도 당신 닮은 하얀 춤사위
어머니가 그립다

노란참외와 어머니

산길 따라 어머니 만나러 가는 길
길가 노란 참외에 내 시선이 머문다
가슴 저며오는 그리움
어머니는 참외를 좋아하셨다.

꾸욱 꾹, 꾸욱 꾹,
산 비둘기 한 마리
나무 사이로 내 뒤를 따라 오르네

산길에 화사한 애기똥풀꽃이
샛노란 입술을 내밀고 재잘거린다
목이 아파온다, 어머니와 먹던 참외
노란 참외 삼키며 그리움도 삼킨다
노을 속 어머니 얼굴 이슬방울로 번져오네

어머니의 옥색치마

최창영

어머니는 늘 옥색 치마를 입고 계셨다. 고운 천 위로 세월의 손길이 주름처럼 내려앉아 있었지만, 그 옥색은 언제나 깨끗했다. 마루 끝에 서서 바람에 펄럭이는 치맛자락은 어린 시절 내게는 푸른 깃발 같았다. 어디를 가도 돌아오면 어머니가 거기 계실 것만 같은.

어머니는 너른 들판 끝에 영인산이 보이고 여름 방죽에는 연꽃이 만발하던 충남 아산牙山 남방제의 기찻길 지나는 마을로 스무 살에 종갓집 맏며느리로 시집을 오셨다. 종갓집 맏며느리라는 이름은 단지 가족 중 윗사람이라는 뜻이 아니었다. 어머니는 시집오던 날부터 한 가문의 전통과 체면을 지키고, 매 끼니의 음식과 제삿날과 가족, 친척들의 생일을 기억하고, 새벽부터 저녁까지 쉴 틈 없이 일하며 수십 명의 친척을 맞이하는 고단한 자리를 지켜내야 하셨다. 어머니는 마치 전생의 업보와도 같이 묵묵히 집안의 고된 일을 맡아 하셨다. 그저 당연한 맏며느리의 책임이라는 꺼내놓지 않는 짐을 한평생 어깨에 얹고 사셨다.

우리 집 뒤란에는 앵두나무 모과나무 살구나무가 있었고, 그 옆의 장독대에는 셀 수 없을 만큼 크고 작은 장독들이 늘어서서 우리와 술래잡기 놀이를 함께 하곤 했다. 그런 우리를 바라보며 부엌에서 일하시던 어머니의 옥색 치마는 뒷산의 노을을 받아 붉게 물들었다.

시부모는 물론이고 시동생 부부와 아이들, 시누이 넷과 우리 남매 다섯, 대청마루를 가득 채운 식구들의 숟가락만 13개였고, 제사만도 13번이나 지내야 했다. 새벽해가 뜨기 전에 가마솥을 올리고, 해지고 어두컴컴할 무렵 일꾼들이 돌아오는 시간이 되어서야 겨우 하루의 일과가 끝나는 엄청난 일상의 반복이었다. 명절이 다가오면 몇 주 전부터 음식 준비로 정신이 없으셨고, 제삿날이면 40명이 넘는 제사꾼들 맞이와 싸 보낼 음식 준비로 밤을 꼬박 새우다시피 하셨다. 음식 솜씨가 워낙 뛰어나신 터여서 일상에서 쓰는 고추장, 된장, 간장은 기본이고 두부, 메주, 막걸리, 식혜 등등 모든 일상 먹거리를 손수 만드셨다.

어머니는 그런 집의 중심에 서 계셨다. 늘 부지런하고 손이 빨랐으며, 본인보다는 가족과 동네일을 최우선으로 생각하는 분이셨다. 품성은 조용하셨지만, 예절이 없는 사람들의 불의 앞에서는 단호했고, 작은 이익이나 본인의 안위보다는 어려운 주변을 먼저 챙기던 여걸이셨다. 시간이 날 때면 티비 드라마를 보시기보다는 늘 책과 전통차를 즐기시던 우아한 품격을 지닌 분이기도 하셨다. 부녀회원들에게는 불경과 다도를 가르치시고 예절교육을 일깨우며 동네 어르신들을 위한 행사에 앞장서서 일하셨다. 지금도 거실 곳곳에는 어머니의 손길과 향기가 묻은 다도판이나 찻상들이 나를 바라보고 있다.

전혀 경험하지 않았던 시골 생활의 거친 일상에 때로는 힘드시다는 얘기를 할 만도 한데, 어머니는 조금도 내색하지 않고 묵묵히 집안의 단단한 뿌리와도 같은 역할을 해 오셨다. 나는 때때로 어머니의 삶이 안쓰러웠다. 한 여성의 이름보다는 '누구의 며느리', '누구의 엄마'로만 불렸던 그 세월이. 그러나 어머니는 그 모든 이름을 강하고 성실하게, 그리고 조용히 자신의 이름처럼 가슴에 지니고 살았다.

시부모 상을 치르고 삼촌, 고모들을 전부 분가시키며 우리 다섯 남매를 키우시면서 어머니는 그 오랜 세월 동안 이처럼 고고하게 집안의 든든한 기둥과도 같은 역할을 해 오셨다.

나는 어릴 적부터 몸이 약한 편이었다. 고기는 입에 대지도 않았고, 지나친 편식에 빈혈이 자주 와 운동장에서 조회하다가 픽 쓰러지곤 했다. 초등학교는 산을 두 개를 지나 신작로 길을 걸어 정확히 10리 길이었고, 1시간이 걸리는 등굣길은 매일매일 이 도전이었다.

누워있다가 일어나면 하늘이 노래지고 현기증이 나 다시 풀썩 주저앉곤 하던 어느 날, 열이 펄펄 끓던 날이었다. 어머니는 내 이마를 짚어보시고는 조용히 일어나시며 등을 내게 돌리셨다.

“매일 이렇게 결석하면 무얼 배우겠니? 오늘 못 가면 내일은 더 못 간다”

그날은 늦가을 비가 추적대며 내리고 있었다. 산길 10여 리는 빗길에 질척였고, 어머니의 고무신은 자꾸 벗겨져서 몇 번이고 신을 고쳐 신으셔야 했다. 그러나 어머니는 묵묵히 날 업고 그 먼 길을 걸으셨다. 교실에 다다랐을 때 어머니의 등은 땀으로 흠뻑 젖어 있었고 얼굴은 붉게 상기되어 있었다. 학교에 도착하자 이상하게도 나는 점점 기운을 차리게 되었고, 그 따뜻한 어머니의 등에서 맡던 온기와 땀 냄새는 내게 하늘보다 더 큰 믿음과 자신감을 주었다.

어머니의 등은 내 육신을 업던 곳이 아니라 어머니의 기도와 정성, 신앙이 깃든 제단과도 같았다. 어머니는 누나들의 말처럼 나를 종교처럼 믿으셨고 나도 어머니의 믿음을 배신하지 않으려고 여기까지 열심히 살아왔다. 어머니는 사람이 모두 다 귀하다고 가르치셨으며 그 기도와 희생과 사랑은 내게 평생의 신앙이 되었다.

그런 어머니도 세월 앞에서는 무력해지셨다. 병석의 아버지가 돌아가시자 어머니는 갑자기 기력을 잃어가기 시작했다. 63년을 해로하시면서 단 한 번도 큰 소리 내지 않으시던 두 분이셨기에, 아버지의 부재는 어머니에게 너무나 큰 충격과 상실감으로 충격이 컸던 것이리라. 아침마다 향불과 음식을 올리시며, 보고 싶다고 눈물을 흘리시는 모습에 우리도 가슴이 저려왔다. 어머니의 약해지신 의지는 곧바로 병으로 이어졌다. 그렇게 어머니는 천천히, 그러나 분명하게 우리 곁에서 멀어지고 있었다. 기억을 관장하는 해마세포가 점점 줄어든다는 의사의 진단에 우리는 속수무책이었다.

그때부터 우리는 서서히 준비했다.

기억에서 한 사람씩 빠져나가는 고통의 시간. 그 시작은 불안했고, 나중엔 아팠고, 끝에 가서는 그냥 슬펐다. 요양병원에 들어가신 것은 미수 잔치 즈음이었다.

처음엔 다시 모셔올 수 있을 줄 알았다. 하지만 병은 그렇게 간단하지 않았다.

하얀 벽, 하얀 침대, 같은 옷을 입은 사람들 사이에서 어머니는 점점 무표정해지셨다.

종갓집을 지키던 맏며느리였던 분이, 어느새 요양병원 하얀 벽 안에서 아이처럼 말이 흐려지고 걸음이 흔들렸다. 하지만, 기이하게도 어머니는 장남의 이름만은 잊지 않으셨다. 식구들의 이름은 잊으셨고, 딸들의 얼굴은 헷갈려 하셨지만, 큰아들의 이름만큼은 또렷하게 불렀다.

"우리 큰 아들 왔어...? 밥은 잘 먹고 다니나…?"

무표정하게 초점이 없던 눈동자가 빛을 발하는 순간이었다. 마치 무너진 기억의 성벽 가운데 하나 남은 기둥처럼, 장남은 어머니 안에서 끝까지 남아 있던 마지막 등불이었다. 때로는 병실 창밖을 바라보며 "저기 온다, 우리 큰애가…" 하며 손을 뻗기도 하셨다. 그 손끝이 공기를 더듬는 그 순간, 우리 모두는 가슴이 저렸다. 기억이라는 것이 그렇게 무너지면서도, 끝까지 남는 것이 있다면 그것은 사랑이라는 걸, 우리는 어머니를 통해 배웠다.

5년.

어머니는 그렇게 1,800여 일의 긴 병상 시간을 견디셨다.

처음에는 병원에 찾아가면 손을 꼭 잡으시던 어머니가, 나중엔 눈동자도 잘 마주치지 않으셨다. 하지만 장남의 이름을 말할 때마다, 그 눈빛에는 여전히 생기가 돌았다. 아산의 들녘에서 어린 장남의 손을 잡고 학교로 가던 그 길이, 어머니의 마음에 아로새겨져 지워지지 않았던 것이다.

우리는 안다. 어머니의 인생에서 장남이란 단순한 자식 이상의 존재였다는 것을.

당신의 모든 희생과 수고가 대를 잇는다는 사명 속에 있었고, 그 중심엔 늘 '장남'이 있었다. 힘들고 억울해도 한 번도 내색하지 않으셨던 건, 그 길이 '맏며느리의 길'이었기 때문이다.

그리고 어느 가을날 오후, 낙엽이 하나, 둘 떨어지던 날.

어머니는 눈을 감으셨다.

마지막 숨결을 남기고도, 입술에 담겨 있던 이름은 장남의 이름이었다.

어머니가 돌아가신 날, 나는 그 옥색 치마를 품에 안고 한참을 울었다. 시골집 마당에서 울려 퍼지는 산비둘기 소리가 어머니의 음성처럼 들려왔다. 그 소리 속에 어머니의 장구 치는 소리와 노랫소리, 가족을 향한 미소, 혼자 외우시던 불경까지도 다 들어 있었다. 한 사람의 인생이 얼마나 깊고 넓은 강이었는지, 나는 그 강이 멀어지고 나서야 알게 되었다. 나는 조용히 손을 잡고 말했다.

"어머니, 다녀오세요. 그 긴 세월, 참 잘 살아내셨어요. 이제는 아픈 기억도 잊고, 무거운 짐도 다 내려놓고, 가벼운 바람처럼, 따뜻한 햇살처럼, 그렇게 편히 쉬세요."

이제 시골집 앞마당에도, 감나무에도, 장독대에도 어머니는 안 계신다.

하지만 이상하게도 마당 끝을 걸을 때면 어머니의 그림자가 어른거린다.

밤새 쑥개떡을 찌고, 말없이 애들 이불을 덮어주시고, 바느질하며 밤하늘을 올려다보던 한 폭의 동양화와도 같은 그분.

그런 어머니의 한 생은, 단지 한 여인의 삶이 아니었다.

한 시대를 견디고, 가문을 품고, 사랑을 지키며, 기억의 가장 깊은 곳까지 살아낸 위대한 인생이었다.

그리운 어머니. 그 이름만 불러도 목이 메는.

나는 아직도 그 옥색 치마를 입고 마당에 서 있을 것 같은 어머니의 이름을 오늘도 가슴 깊이 부른다.

김용길
金容吉

kimyongkil@daum.net

· 호, 高梵 시인, 국회입법지원위원, 대한국선도학회장
· 수원고등법원 조정위원, 한반도문학 대외협력국장
· 사)한국산업법제연구원 원장,
· 원광대 법학전문대학원 전임교수
· 인천시 공론화·갈등관리위원회 위원장

김용길 어머니

어머니와 光時 풀빵

김용길

먼동 트는 이른 아침
설레는 마음으로 다니던
내고향 5일 장터 光時 시장
그렇게도 배고프던 어린 시절
어머니는 소리없이 웃으시며
광시 시장에 같이 갈래 하셨네
동네입구 지나 늘 다니던 광시 시장
외삼촌이 전쟁 중에 전사하고
그 덕에 밀가루 타러 가네
뜻 모르던 어릴적에
면사무소가 있는 광시 시장
지게 지고 가노라면 희망이 솟네
아들아! 풀빵을 먹어보렴
힘들라치면 사주시는
보드라운 광시 풀빵! 엄마 풀빵!
어머님은 안 드시고
수수한 웃음으로 살며시 쥐어주는
따스한 손 엄마 풀빵
터벅터벅 고개넘어 30여리 노란 민들레길
배고픔을 녹여주던 광시 시장 그 풀빵

어찌 그리 맛있던가
어머니의 향기 서린 추억의 풀빵
맛 있는 엄마 풀빵
얼른 커서 나도 풀빵 장사 해야지

어머니의 농사짓기

햇살 보기 전 이른 아침
새들이 목소리 합창으로 어머니 일어나셨네
반갑게 맞이하는 아침 이슬들
집 앞에는 노란 민들레
그 옆에 제비꽃, 뒤에도 유채꽃
마음 속에는 어머니꽃
꽃들이 노래하면 어머니 도랑굴 가야 되네
콩도 심고, 팥도 심고
가을걷이 생각하며 팔 걷고 휘적휘적
바구니도 가볍고 마음도 가벼우네
정겨운 농사짓기, 심술꾼 농사짓기
돌보기 농사짓기, 어머니 농사짓기

정 판 정

· 숭실대학원대학교 경영학과졸업, 철학박사(Ph.D.) 산림치유상담학, 서울미디어대학원대학교 특임교수, 중소벤처기업부 공인 기업상담전문회사 ㈜키포유앤키월드 대표이사, ㈜유니온코리아서트 대표이사, 前 삼성카드(주) 근무, 한국직능연합회블록체인위원장, 한반도아시아경제교류위위원장, 한국원자력기자재진흥협회ISO사업단장, 에코유니본 전략기획 핵심리더, 한전산업개발(주) ISO 심사팀장(국내 전국화력발전소ISO 품질, 환경, 경영시스템 총괄 심사팀장), ISO/국제표준심사활동20년, ISO국제글로벌연수원연수원장, 2014년 국회법제처 모범기업대상수상(㈜키포유앤키월드), 한반도문학 시 부문 신인상수상

· 전문분야: ISO 9001 / 19443 등 국제인증 교육 및 심사, 산림치유상담학 기반의 스트레스 회복 프로그램 개발 및 임상적 응용, 중소기업 경영컨설팅, 정부지원 정책자금 연계 컨설팅, 문학과 철학 기반의 치유인문학 강의 및 창작활동, 중소기업 특별법에 의한 세액감면, 특허전략 및 성장동력 컨설팅, 부동산시행 및 투자자금 전문조달

정판정과 부모님

가족들

부부

모범기업인대상

어미새

정판정

지지배배 지지배배 울새라
그대 시리고 아픔 마다하고
한 입 물어 입에 넣어주고
어하둥둥 기쁨에 지지배배 지지배배
세찬 비바람 맞을새라
작은 깃털 세워 감싸 안고
한 뼘도 안되는 가슴으로 안아
어찌 그리 긴 한숨 쉴 틈도 없이
어찌 그리 나만 날으라
지지배배 울부짖었소
그대 눈물어린 정성으로 알바트로스 되어
긴 깃털 세워 안아 보려 하지만
어미새는 이미 떠나고 없네
대양을 넘어 태평양을 건너도 그 한 어찌 잊으리
꿈에라도 그대 만나 눈물 닦아주리다
꿈에라도 그대 만나 아픔 감싸 주리다

할미꽃

설얼은 땅 뚫고 피어오른 꽃
분홍치마 두르고 홀로 서서 애태우는가?
머언 하늘 뭉게구름 파란하늘 볼 틈도 없이
고개숙여 애닯아 슬픈 얼굴로
어쩌면 그렇게   그모습 그대로
한숨 쉼을 알지 못했을까?
그 웃음 쓸쓸함 몰랐을까?
아지랭이 피는 우리집 앞 언덕 언저리에
그대 여린 자태로 홀로 맴돌지만
할미꽃 당신은 이미 가고없네
나 그대아픔 아우르고
고개들어 마주 하려 해도
차디찬 가슴속 깊은 한되어 남아있지만
그대 남기고간 애틋함, 애닲음으로
나는 강한 붓꽃되어 피어 있네
나는 매화꽃 동백꽃 되어 피어있네

유채준
俞采濬

· 호는 智泉, 동국대 국문과 졸업, 서울시 공립고교 정년퇴임
· 〈수필시대〉 신인상(수필), 청하문학회 회원, 서울시단 회원,
· 한반도문학회 이사, 한반도문학 수필 최우수상(2019상반기)
· 제10회 〈문학세대〉 전국문학창작공모 수필대상
· 〈한국문학신문〉 칼럼 연재 중
· 저서 : 수필집 『눈물 젖은 카네이션』

맞벌이의 隘路

유채준

예전에 우리나라의 가정에서는 전통적으로 남성은 집 밖에서 일하고, 여성은 집 안에서 일했다. 그래서 남편이 아내를 남에게 집사람 또는 안사람이라고 했으며, 아내가 남편을 남에게 바깥양반이라고 했었는데, 아직도 연세가 많으신 분 중에는 이런 호칭을 사용하시는 분들이 간혹 계시다.

그런데 나 같은 늙은이들은 도저히 시대의 흐름을 따라갈 수 없을 만큼 사람들의 의식意識이 바뀌고, 문화가 발전하고, 문명이 발달하는 속도가 점점 빨라지고 있다. 시간은 옛날과 지금이 똑같은 속도로 흘러가고 있건만, 요즘의 세상은 자고 일어나 눈을 떠 보면 딴 세상처럼 느껴질 정도로 빨리 변해가고 있다.

그래서 지금은 여자들이 사회 각계각층에서 남자와 당당하게 어깨를 나란히 하고 일하고 있고, 그중에 두각頭角을 나타내는 여자들이 적지 않으며, 어느 결혼 정보회사 상담실장님의 말을 빌리면 요즘에 결혼하고자 하는 신랑 중에는 직장職場에 다니는 신부를 희망하는 총각들이 많다고 한다.

여자가 고학력에 전문 자격증도 있는데 그대로 묵힌다면 개인적으로나 국가적으로나 손해다. 그런데 백지장도 맞들면 낫다고 남자 혼자서 버는 것보다는 내외가 같이 벌면 특히 여자는 자아실현自我實現의 보람도 있고, 가정의 경제가 튼튼해짐은 물론, 삶의 질이 향상하는 장점이 있으나, 여자는 가사와 육아 외에 회사 일도 해야 하고, 남자는 회사 일 외에 육아와 가사도 해야 하니, 부부가 다 체력이 달려 건강에 문제가 발생할 수 있고, 개인적인 시간이 부족하니 스트레스stress도 받을 수 있을 것이다. 이런 것들을 해소하기 위해서는 부부간에 항상 허심탄회虛心坦懷하게 털어놓고 의논하고 특히 육아와 가사의 일은 솔로몬Solomon다운 지혜로 성별性別과 적성適性을 고려考慮하여 능률적, 효율적으로 일의 분배를 잘 하여 각자 자기가 맡은 일을 책임감 있게 실천한다면 건강을 지키고, 스트레스도 풀고, 행복의 꽃도 피우는 일석삼조一石三鳥의 효과를 거둘 수 있을 것이다. 그러나 자칫 잘못하면 산토끼 잡으려다 집토끼 놓친다고 경제적으로 득을 좀 보려다 건강 잃고, 행복도 잃게 되는 소탐대실小貪大失이 될 수도 있다.

내 큰아들과 큰며느리는 둘 다 회계사인데 서울에 살며 맞벌일 한다.

나는 분당에 사는데 저녁밥을 먹고 앉아 텔레비전을 시청하고 있다가 8시가 다 되었는데 문득 손녀가 걱정되어 며느리에게 전활 했다.

"아버님!"

"지금 어디냐?"

"집에 가려고 차를 기다리고 있어요."

"저녁은 먹었니?"

"아뇨, 이제 집에 가서 먹어야죠."

"아니! 지금까지 밥을 안 먹었으면 얼마나 배가 고프니? 간식이라도 좀 했니?"

"아뇨."

"간식거리를 좀 가지고 가서 먹어라. 허기는 면해야지. 너무 시장하면 폭식하게 되고, 그러다 잘못하면 위장병을 얻을 수도 있다."

'아들은 퇴근이 늦어지면 구내식당에서 저녁 식살 한다는데 …… 집에서 목을 빼고 엄마를 기다리고 있을 손녀딸의 모습이 떠오르고, 늘 바쁘니 먹을 것을 만들 시간조차도 없어서 마련하지 못해, 먹을 것이 아무것도 없을텐데 하는 생각이 들어서'

"집에 가면 먹을 거는 있니?"

"네 있어요."

하는데, 느닷없이 내가 오래전에 교직에 있을 때 어느날 우리 부서部署에 젊은 여선생님의 어린 딸이 병이 났다고 들었는데, 마침 그 선생님 댁에서 온 전화인데 어린 딸이 엄마를 계속해 부르고 울며

"엄마! 엄마! 빨리 와! 나 너무 아파 죽겠어"

하자

"♡희야! 이제 고만, 전화 끊어라. 엄마는 학생들 공부 가르쳐야 한다. 엄마 엄청 바쁘다. 할머니가 과자 줄게"

하고 할머니께서 달래시는데도 우는 소리가 계속해 나자 여선생님이

"조금만 기다려, 엄마 빨리 갈게"

하고 흐르는 눈물을 훔치던 모습이 떠오르자 나는 왠지 울컥하고 목이 메어 도저히 더 이상 전화를 할 수 없어서 나는 무례無禮하게도 그냥 갑자기 전화를 뚝 끊고 말았다. 아마도 며느리가 '아버님이 왜 이러시지' 했을 것 같다.

맞벌이를 부러워하는 사람도 있는데 실은 소득이 좀 나으니 경제적으로 옹색함은 좀 적지만 가까이서 지켜보니 애로隘路도 많다.

인생살이에 어느 하나인들 호락호락한 게 있을까마는 "No pain, no gain."(고통 없이는, 얻는 것도 없다.)이다.

(2024년 12월 31일)

고안나
高雁娜

· 시인, 시낭송가, 〈시에〉 詩 등단
· 김민부문학제 운영위원장, 작가와문학 편집주간, 동북아신문 기자
· 대전투데이(칼럼니스트), 재한동포문인협회 고문
· 수상: 한반도문학대상, 중국 도라지해외문학상, 백두산문학상, 한중문화예술교류공헌상, 경기문창문학상, 부산시인작가상, 중국 하얼빈송화강해외문학상등 수상
· 저서: 시집 『양파의 눈물, 따뜻한 흔적』
전자시집 『기억을 묶어둔 흔적』
시낭송cd 『추억으로 가는 길, 추억 속에서』

고안나 어머니

고안나와 어머니

민들레 홀씨 어머니

고안나

말라버린 도랑처럼
물길 선명한 얼굴
웃음인지 울음인지
얼룩들룩 들뜬 화장처럼
굽이치는 노동의 흔적들
함부로 읽어 낼 수 없는 눈빛
깊고 푸른 우물의 중심같다

팔닥팔닥 뛰는 소리마저
몽땅 비워낸 가슴
일생 다 태운 불씨마냥
그 끝 알까

조율할 때 놓쳐버린 악기
나눠가진 핏줄 부르는 소리
아직도 말라빠진 젖줄 물리고 싶은지
민들레 홀씨 털어내는 순간처럼 환하다

목련연가

병상에 앉아 거울 보시던 울 엄마
딸 온다며 붉은 연지 꺼내어
입술 바르시고 목련꽃처럼 환하게 앉아
창 밖 바람을 불러 들였다
올 때가 됐는데
차가 많이 밀리는 갑다
벌써 저녁때가 다 됐네
혼자서 묻고 답하고
그러다 슬며시 돌아 누우셨다

이 핑계 저 핑계
며칠 만에 찾아가면
반가워서 울다가 섭섭해서 울다가
목련꽃 지듯 봄날은 가고

곱게 해라, 다 때가 있는 기다
마사지도 하고 파마도 해라
늙어 봐라 암만 해도 고운태가 않나
목련꽃도 한 때야
가고 없는 사랑을 부여잡고 엄마엄마
이제는 들을 수 없는 그윽한 그 목소리
보이지 않는 얼굴은 어디서 필까

심봉구
沈鳳九

shimong9@hanmail.net

· 시인. 수필가. 여행작가, 東國大學校 국어국문학과 졸업
· 서울 徽新高等學校 교감퇴임
· 시 등단 〈문학시대〉, 수필 등단 〈창작수필〉
· 여행작가(세계 68개국 탐방)
· 창작수필 작품상 수상 〈창작수필문인회〉 2022
· 한반도문학 '오늘의 작가상' 수상 〈한반도문학〉 2025
· 중국 홍콩 문예지 〈香港詩刊〉에 시 등재
· 〈사학연금〉에 꽁트 '발자국 소리'등 연재
· 〈수수문학〉 편집장(현재)
· 문학시대동인회, 창작수필문인회, 동국문학인회 회원

강의모습

성춘복시인 미수연

해외여행

아프리카축제

溪谷頌

심봉구

산자락 그 계곡에는
이승도 저승도 아닌 노래가 있지

먹빛 침묵으로 고목은
사시四時 살을 갈아 이웃을 먹이고
피칠 범벅 낙엽의 어깨를 두드려
두리둥실 희한한 춤을 만들지

구름을 불러 번개로 찢어발기는
하늘 절벽,
그 절규의 심장을 터뜨려
마침내 콰알콸 쏠어내려서는
질기디질긴 노래를 엮는 거지

그래서 그 계곡엔 언제나
억년 바람의 냄새가 넘실대고

아서라
인간이란 것 도시 알 수 없는
이승도 저승도 아닌 노래가
거기 분명 있는 게지

오징어

한때는
동해 속살을 뚫고 다니는
이쁜디이쁜 꼬마 미사일이었어
수천수만 찬란한 미사일 떼거리였어

비린내 자욱한 포구 바닥에서
화약과 배터리가 적출되는 순간
깡마른 바람의 영혼은
들썩이는 어깨를 안아주고는
접신처럼 깃들었지

수많은 종류의 바람을 타고
방망이 수류탄 같은 소주와 손잡고
죽은 자와 산 자의 가슴을 열어봤어

목이 메어 마른 몸 다 찢어주고
허한 바람으로 돌아섰지, 뭐

아, 엄마

심봉구

정말입니다. 엄마를 생각하는 것은 고통스러운 일입니다. 칠순 나이인 지금도 그렇습니다. 도대체 엄마를 어떻게 사랑하는지 방법도 모르고 살았습니다. 겨우 예순을 살고 가셨는데 서로 살갑게 마주한 기억이 없습니다. 곰곰 생각하면 그렇게 된 연유를 찾을 수는 있겠습니다.

조부모님은 병자년 대홍수에 숟가락 하나 건지지 못하고 깊은 산골로 들어옵니다. 아버지 나이 열세 살이었답니다. 화전민 생활이 시작된 겁니다. 세월이 흘러 허접한 집에 땅뙈기도 제법 일궜지만, 여전히 찢어지게 가난합니다.

그런 집의 팔 남매 맏이에게 엄마가 시집온 것입니다. 열악한 환경에 자식 둘을 연달아 잃지만, 실컷 울 수도 없습니다. 고모, 삼촌들 시집장가보내고 분가시키느라 뼈 빠지게 고생합니다. 아버지가 삼척 시멘트 공장에 취직하자 자식들을 데리고 수구재를 넘어 산골을 탈출합니다.

그런데 아뿔싸, 둘째인 나를 할머니에게 맡기고 맙니다. 엄마 젖을 놓지 않으려는 형 때문에 나는 좁쌀죽만 먹고 할머니 쭈그렁 빈 젖을 물고서야 잠잤답니다. 그게 사단이었습니다. 삼척 단칸방 사정도 딱하여 할머니도 나를 남기라고 허락한 겁니다. 그렇게 국민(초등)학교 졸업할 때까지 조부모님과 셋이 살았습니다.

엄마는 한 해 두 번 정도 나를 만나러 산골로 옵니다. 검정 고무신, 낙하산 양말, 공책, 연필 따위를 가지고 옵니다. 그윽한 눈으로 한참 동안 나를 바라볼 뿐 다정한 말도 없습니다. 나도 미칠 듯 엄마가 보고 싶었지만, 덥석 안기지도 못합니다. 산골 아이의 습성이기도 하지만 할머니의 눈치가 보입니다. 엄마와 할머니가 다툴 때도 있습니다. 빈약한 곳간 곡식을 뒤져 이것저것 챙겨가려는 엄마의 행동이 화근입니다. 6.25 전쟁 끝난 지 얼마 안 된 시점이니 모두 어렵고 심성도 각박할 때입니다. 체구가 자그마한 할머니는 연신 구시렁대지만 결국은 덩치 크고 한 성깔 하는 엄마가 이깁니다. 엄마가 언덕 아래로 내려가면 슬픔이 어린 가슴을 짓누릅니다. 그때부터 할머니는 혀를 차며 엄마 흉을 늘어놓습니다. 나는 몹시 듣기 싫어 괜히 지렁이만 꼬챙이로 자꾸 굴리며 괴롭힙니다. 생각해보니 개미도 괴롭혔습니다. 미물만 만만하니까요. 죄받았는지 나는 자라지 않고 꼬챙이같이 자꾸 말라갑니다. 꾀죄죄한 얼굴엔 허연 마른버짐이 가득합니다. 반찬이라고는 된장 한 가지. 감자 박힌 좁쌀밥을 소화하기엔 너무 허약한 아이였습니다. 하지만 지독한 외로움과 그리움이 어린 심신을 삭정이처럼 마르게 했음을 아무도 모를 겁니다.

캄캄한 새벽, 할아버지의 기침과 독한 담배 연기가 손

잡고 공습하면 어린아이도 일어나야만 합니다. 할머니는 소죽을 끓일 것입니다. 손주가 밥을 먹는지 마는지 상관없이 그분들은 곧 휭하니 산으로 밭으로 갑니다. 따라가 밭 가에 앉아 있으면 따가운 햇볕에 너무 괴롭습니다. 빈 오두막집에 혼자 있는 게 그나마 낫습니다. 벌과 나비가 날아다니는 모습은 일상이니 전혀 흥미롭지 않습니다. 큰 풍뎅이가 방안에 들어와 왱왱거리고 파리떼가 시신인 줄 알고 끈질기게 달라붙으니 낮잠을 잘 수도 없습니다. 우두커니 앉아 있으면 문지방 가까이 구렁이가 스렁스렁 기어갑니다. 기겁하여 낡은 문을 닫고 오돌오돌 떨 뿐입니다.

어느 해 초여름 오후, 느닷없이 엄마가 왔습니다. 어떻게 만났는지 모르겠지만 지게를 진 남자와 함께입니다. 인삼을 팔러 다니는 사람이었습니다. 가느다란 뼈에 가죽만 남은 자식의 몰골이 안타까워 인삼 장수를 데리고 온 것입니다. 햇보리 퍼주고 푸른 이끼 덮은 인삼을 받으려는 순간 할아버지가 마당에 들어섭니다. 눈치를 챈 할아버지의 벽력같은 고함이 연거푸 찌렁대고 벌건 얼굴로 엄마가 쩔쩔 변명하지만 소용없습니다. 장수는 보릿자루 팽개치고 인삼을 거두어 순식간에 달아납니다. 풍비박산입니다. 엄마는 한참 동안 눈물을 펑펑 쏟고 일어나더니 요기도 않고 돌아갑니다. 나는 미칠 것 같았습니다. 엄마가 더 미웠습니다. 이런 사단을 만든 게 엄마라고 여겼기 때문입니다. 울고 떠난 엄마도 참 불쌍합니다.

뒤뜰로 돌아가 울면서 또 미물들을 괴롭힙니다.

그해 겨울, 벌건 저녁노을이 걸린 수구재를 만삭의 엄마가 내려옵니다. 울고 떠났던 엄마가 차가운 땅거미를 밀며 설설 기어서 내려옵니다. 삼척 읍내 다섯 식구가 사는 됫박만 한 방에서 해산할 수는 없기에 어쩔 수 없이 산중 우리 집에 온 것입니다. 이틀 후쯤 출산할 줄 여겼을 겁니다. 살얼음이 깔린 수구재에서 그만 넘어져 아픈 배를 부여안고 기어온 것입니다.

저녁도 못 먹고 엄마는 식은땀을 흘리며 산통을 꽉 깨뭅니다. 상황을 판단한 할아버지는 십 리 떨어진 삼촌 집으로 피신합니다.

겨울밤 생살을 찢고 날뛰던 엄마의 산통은 바람벽을 뚫고 날아가 감나무 마른 가지에 걸려 몸부림칩니다. 일곱 살 내 그림자는 희미한 등잔불 저켠에서 문고리를 붙잡고 바들바들 떱니다. 얇은 할머니의 실루엣만 동동거리고 가쁩니다. 도저히 엄마 같지 않은, 단말마의 몸부림 같은 길고 긴 신음의 시간이 하염없이 흐릅니다. 비릿한 냄새가 확 풍기고 미끈한 액체가 발바닥을 적실 때 기어이 참았던 울음을 꿀럭꿀럭 토하고 말았습니다. 그때 엄마도 사산으로 끝을 냅니다. "지지배다." 낮고 축축한 할머니의 말 한마디가 아련합니다.

새벽 퀴퀴한 어스름 속에 마주친 그 무엇, 죽음. 아무도 울지는 않았습니다. 할머니는 호미를 챙겨 들고 아장

걸음을 끌고 새벽을 털며 불룩한 망태를 지고 나갔습니다.

엄마는 가슴을 풀어 젖을 짜고, 깡마른 내 손을 끌어 마시라 합니다. 퀭한 눈망울, 엄마의 애원이 무서워 부들부들 떨며 사발을 듭니다. 둥둥 떠 있는 그 무엇, 여린 죽음. 그만 사발을 놓치고 엉엉 웁니다. 엄마도 꺼억꺼억 웁니다. 문풍지가 무섭게 떨었습니다. 기껏 두어 평 공간에서 생긴 일입니다.

그날 밤 그 처절한 살풀이로, 내 삶의 고비마다 가시덤불 치워준 뜨거운 핏줄 세 여자. 아, 구천 어디메쯤 가 있을까요.

몹쓸 사춘기 시절에서야 잠깐 엄마와 살았습니다. 짜증 내고 속만 썩이다가 아주 헤어졌습니다. 심신의 고갈로 엄마는 쉰 넘어서부터 병치레가 심했습니다. 추석날, 병석에서도 애타게 기다린 듯 물끄러미 나만 쳐다봤습니다. 돌아가겠다고 하니 갑자기 엄마는 경련을 일으켰습니다. 난생처음으로 엄마를 안았습니다. 곧 눈을 감고 털썩 손을 놓으시더군요. 고맙다는 말도, 사랑한다는 말도 한 번도 못 드렸는데 말입니다.

박동관
朴東官

· 수필가, 경남대 졸업, 한국신학대학원 박사과정
· 〈한반도문학〉 수필신인상 (2024년)
· 〈한반도문학〉 작가회회장
· (사)한중문예컨텐츠협회 이사, 대한노인회중앙회 특보
· 전국실버대학연합회장, SNS 뉴스코리아 발행인
· 은빛사랑아카데미 학장
· 2025년 문학대상 수상

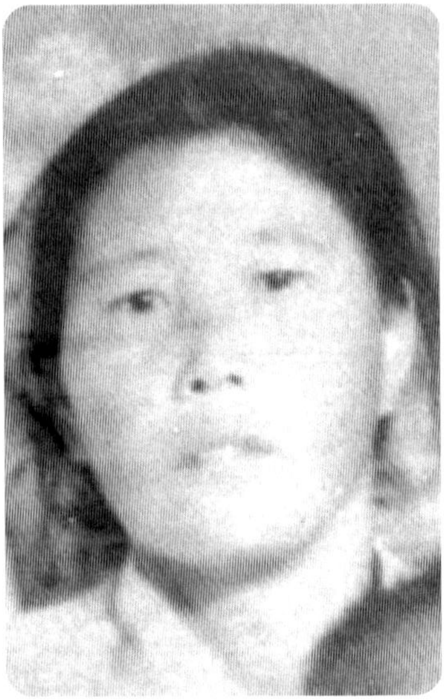

박동관의 어머니

박동관 가족

그리운 어머니

박동관

1.

스물여섯 젊은 날
배움을 향한 길을 준비하며
희망을 품었던 밤
어머니는 태몽 이야기 들려주셨지요
내가 태어나던 순간의 기쁨을 담아
그렇게 오래오래 말씀하셨지요
그밤이 마지막인 줄 몰랐네요
이른 아침 밥상을 마주하며
늘 따뜻한 미소를 지으셨는데
갑작스러운 시간의 매정한 손길이
어머니를 데려가 버렸습니다
그해, 회갑잔치 기쁨 드리려 했건만
그냥 떠나셨네요
못다 한 잔치, 못다 한 말들,
못다 한 사랑이 깊이 아려오네요
어머니, 세월이 흘러도 여전히 그리워요
이제 하늘에서 웃어주시길 바랍니다

2.
이제 내 나이 스물여섯,
그해 정월 어머니는 우리 곁을
떠나셨습니다.

이제 세월이 마흔 해를 훌쩍 넘었지만
어머니를 부르면
가슴 한켠이 아직도 저립니다.

정 많던 어머니, 자식 굶을까봐
자신의 허기를 삼키던 분.
비 오는 날이면 논두렁으로 나가
삐끗한 발목을 감추고 웃으시던 분.

그때는 몰랐습니다.
어머니의 손이 왜 그렇게 거칠었는지,
어머니의 등에 왜 저녁노을이
드리웠는지.

이제는 압니다
어머니 주름마다 우리의 웃음이 숨어 있었고
어머니의 침묵마다
자식 걱정이 숨어 있었습니다

시간이 흐르고,
내 머리에도 흰 서리고 내려앉았지만
나는 여전히
어머니의 품을 그리워합니다.

오늘도 "어머니!"
그 이름을 부르면 내 마음은
다시 어린아이가 됩니다

어머니의 봄날

어머니가 떠난 지
어느덧 사십 년이 넘었습니다.

스물여섯의 봄, 갑작스런 변고 앞에
이별이 무엇인지도 몰랐습니다.
그저 어머니가 잠시
멀리 가신 줄만 알았습니다.

이제 세월이 흘러
내 삶에도 봄과 겨울이 스쳤습니다.
그럴 때마다 문득문득
어머니의 손길이 그리워집니다.

어머니는 봄날의 바람 같았습니다.
조용히 다가와 자식의 얼굴을 어루만지고
뒤돌아서면 자신은 먼지 속으로
사라지셨습니다.

밥 짓는 연기 속에서.
새벽 장독대 앞에서,

빗물 떨어지는 처마 밑에서도
어머니는 늘 기도하셨습니다.
아무도 모르게 자식들의 하루를
빌어주셨습니다.

이제야 압니다. 어머니의 사랑이
어떻게 내 삶을 감싸고 있었는지.

어머니의 봄날은 그렇게 지나갔지만
내 가슴에는 아직도 꽃샘바람처럼
어머니가 불어옵니다.

'어머니'라는 이름의 강

박동관

어머니는 강입니다. 흘러도 끝나지 않는, 한없이 깊고 따뜻한 강입니다. 나는 새벽녘의 어머니를 기억합니다. 동이 트기 전, 소피가 마려워 앞마당에 나가면 어머니는 장독대 앞에 있었습니다. 두 손을 모으고 정한수 한 그릇을 장독대 위에 올려놓고 하늘을 향해 기도했습니다.

"우리 애들 병들지 않게 해 주이소...

하루도 무사히 살게 해주이소..."

그 목소리는 들릴 듯 말 듯, 그러나 간절함만큼은 밤하늘 별들조차 숨죽이게 했습니다. 어린 마음에도 나는 그 모습을 잊을 수 없습니다. 고요한 새벽 공기 속에 어머니의 기도는 바람결에 실려 온 세상을 맴도는 것 같았습니다. 어머니의 삶은 언제나 남을 위한 것이었습니다. 자식 먹일 쌀이 떨어질까 걱정하면서도 자기 밥그릇은 늘 반 공기였습니다. 겨울이면 손등이 트고 늘 갈라졌지만 자식의 내복 한 벌을 더 사주기 위해 자신의 옷은 몇 해를 이어 입었습니다. 어머니는 그렇게 자기 자신을 조금씩 깎아내어 우리의 삶을 빚어주었습니다.

자식이 밥을 먹을 때면 어머니는 물로 배를 채웠습니다. 자식이 잠들 때면 어머니는 남을 설거지와 바느질을 했습니다. 자식이 아프면 어머니는 가슴을 찢었습니다.나는 그런 어머니의 등을 보고 자랐습니다. 그 등은 세상의 모든 짐을 혼자 짊어진 것처럼 굽어있었습니다. 그러면서도 한 번도 "내가 힘들다"는 말씀을 하신 적이 없습니다. 어머니는 세월 속에서 자신의 청춘을 던졌습니다. 더 배우고 싶었던 글도, 해보고 싶었던 일도, 모두 자식에게 양보했습니다. 어머니의 꿈은 무엇이었을까요? 나는 아직도 그 답을 모릅니다. 하지만 한 가지는 압니다. 어머니의 꿈은 우리가 잘 살아가는 모습을 보는 것이었습니다.

그래서 나는 가끔 어머니의 그 기도소리를 떠올립니다. 장독대 위에 놓인 정한수 한 그릇... 그 속에는 온 세상이 담겨 있었습니다. 맑은 물에 비친 어머니의 얼굴엔 고단한 삶의 주름이 있었지만 그 눈동자엔 자식을 향한 사랑이 가득했습니다. 이제는 어머니의 손을 더 이상 볼 수 없습니다. 하지만 가슴에 손을 얹으면 그 손의 온기가 아직도 느껴집니다. 그때 그 새벽, 어머니가 두 손을 모으던 모습을 기억하는 한 나는 넘어지지 않을 것입니다. 어머니는 내 삶의 시작이었고 지금도 나를 지켜주는 이름입니다.

"어머니!"

그 이름을 부를 때마다 나는 가슴 한편이 찡하고 뜨거

워집니다. 그것이 어머니라는 이름의 힘입니다. 내가 영원히 간직할 세상에서 가장 순결하고 숭고한 이름입니다.

한성래
韓成來

sr1625@naver.com

- 2014년 모던포엠 신인문학상 등단
- 제21회 국제지구사랑 공모전 특별상
- 거제시문학작품상, 한반도문학 최우수작품상
- 경상국립대학교 추강문학회 동인회장

시골의 어머니

어머니의 학생시절

부산의 어머니

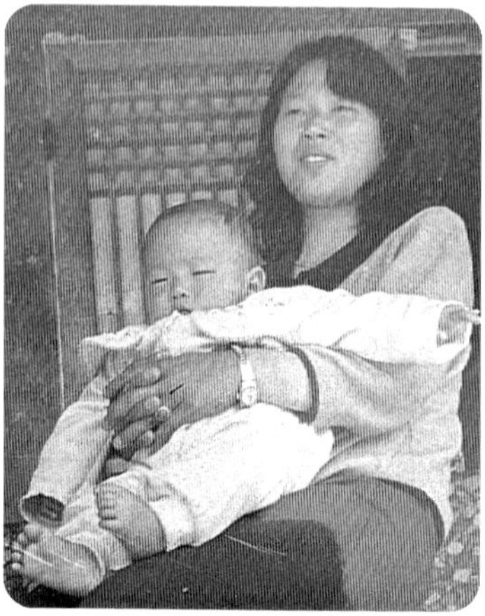

어머니와 나

가족사진

건강한 어머니

아픈 어머니

어머니의 유등

한성래

1.
어제도 오늘도 어머니의 갈라진 손은
유등을 띄우네
강으로 강으로 밤을 밝히면
아들이 살아올까
눈물을 띄우네.

피워도 피워도 다 피지 못할
7만개의 별들이 하늘에 떠 있네.

어제도 오늘도 어머니의 갈라진 손은
유등을 띄우네.

2.
핏방울이 뚝-뚝-뚝-
나는 커터 칼을 들고 밤하늘을
자르다 바둥거리는 손가락을 보고 울었다
처음에 달을 자르고 별을 자르고
어머니, 아버지, 누이와 남동생을 잘랐다
딱 풀로, 봄이 오는 꽃동산에 달과 별을 붙이고
남동생, 누이, 아버지와 어머니를 다시 붙였다

잠시 달맞이꽃도 피우고 웃음꽃도 만들었지만
이내 달이지고, 별마저 지고 나면
칠흑의 자리위로 바둥거리는 내 손가락만 남겨진다

습관처럼 커터칼은 잘라야 하고
내 손가락은 바둥거려야 하고
핏방울이 뚝-뚝-뚝-
핏방울이 뚝-뚝-뚝-

3.
바람이 슬픔을 넘는 시간에는
떠나간 당신의 발자국이 있습니다
하늘을 다 채우지 못한 먹장구름이
물비린내를 풍기고요
소복이 쌓인 일기장을 펼치며
잃어버린 시절의 단어들을 배웁니다
연탄불, 눈물밥, 회초리, 봉숭아, 손톱,
한구석, 헤진, 손길, 물끄러미, 그리운...
아시나요
아직도 찾지 못한 단어
내 심장을 빨갛게 달군 고마운 그 단어
어머니, 당신은 아시나요

겨울찾기

1.

나는 봄을 찾아 마트에 갔다.
쑥 100g, 취나물 100g, 방풍나물 100g,
비름나물 200g, 땅두릅 200g, 민들레 200g,
모둠 새싹 200g, 봄 1,100g을 안고 집으로 왔다
나는 여름을 찾아 마트에 갔다.
수박 7kg, 참외 5kg, 산딸기 3kg,
장어 1kg, 닭 1kg, 전복 1kg,
평양 냉면 1.2kg, 여름 19.2kg을 들고 집으로 간다.

나는 가을을 찾아 마트에 갔다.
전어 2kg, 꽃게 2kg, 새우 1kg,
쌀 10kg, 사과 10kg, 고구마 5kg
홍시 5kg, 가을 35kg을 끌고 집으로 갔다.

집으로 돌아와 봄, 여름, 가을을
정리하고 소파에 누워 잿빛 하늘을 올려봤다.
'혹시 마트에는 겨울도 있을까?'

2.

마트에는 봄, 여름, 가을이 각자의
이름표를 달고 잘 진열되어 있다.
하지만 겨울은 보이지 않는다.
왜 마트에는 겨울이 없는지
유리에 비친 키가 큰 아이에게 물었다.
그 키 큰 아이의 대답 대신,
창밖으로 싸락눈이 내렸다.
싸락눈은 폐지 줍는 늙은 여자의
머리카락 위로 하얗게 내리고,
나는 18년 전 어머니의 머리 위로
쌓이고 쌓였던 하얀 고단함을 생각했다.
'혹시 겨울은 마트 밖에 내리는 하얀 고단함일까?'

3.

나는 오늘도 마트에 간다.
겨울이 없는 마트에서
겨울의 흔적을 찾고 있는 나,
창밖으로 어머니, 어머니가
자꾸, 자꾸만 내리고 있다

어머니의 목소리

한성래

1. 논개시장, 고구마와 오징어 튀김

나의 어머니는 부산에서 나고 자라셨다. 도시 물을 먹고 자란 어머니는 언제나 단정하고 세련된 분이셨다. 그런 어머니는 시골로 시집을 오셨다. 당산나무를 지나는 바람 소리와 논밭을 지나 들려오는 들짐승의 울음소리를 들을 때마다, 그 시절 단아하고 빛났던 어머니가 생각난다.

하지만 어머니의 삶은 결코 빛나기만 한 것은 아니었다. 시골의 두 평 남짓한 달세방, 다섯 식구가 살기에는 너무 좁은 공간이었다. 소마구간 옆에 황토를 발라 임시 부엌을 만들었고, 겨울이면 문창호 틈새로 시린 바람이 매섭게 들이쳤다.

삼남매 중 장남인 나는 어린 시절 대부분을 부산 외가와 시골 친가를 오가며 보내야 했다. 형편이 어려워 어머니와 함께 살 수 없었던 내 유년 시절은 아직도 슬픔과 외로움으로 가득 차 있다. 그 시절, 어머니가 가끔 나를 보러 오시면 나는 시골집 뒷산으로 도망치곤 했다. 어머니가 그리웠지만, 막상 나타나시면 서운한 감정이 솟구쳐 올랐다.

'왜 나는 같이 못 살아요?'

그 한마디 조차 꺼내지 못한 채, 풀숲 너머에서 어머니를 몰래 바라보았다. 어머니는 나를 찾으셨지만, 나는 끝끝내 모습을 드러내지 않았다. 참 철없고 서툰, 사랑의 표현방식이었다.

어머니의 목소리"성래야! 밤이 늦었다. 그만 놀고 얼릉 집에 들어와 저녁 먹어라아!"다른 집 아이들 어머니같이 저녁이면 나를 부르는 그 간절한 어머니 목소리가 듣고 싶었다. 그러나 나는 꿈에서나 그 목소리를 들을 수 있었다.

어머니는 늘 바쁘셨다. 아버지와 밭일을 마친 뒤에는 냇가에서 빨래를 하고, 동생들을 돌보며 짧은 하루를 바쁘게 보내셨다. 맏며느리로서 많은 제사와 집안 행사도 어머니의 몫이었다.

그 바쁜 틈에도 어머니는 시골과 부산을 오가며 나를 찾아오셨다. 그날, 어머니는 둥근 찬합에 층층이 고구마튀김과 오징어튀김을 정성껏 담아 오셨다. 하지만 나는 등을 돌리기 일쑤였고, 그 층층이 쌓인 찬합만큼이나 지금도 부끄러운 기억들이 마음 한구석에 켜켜이 남아 있다.

한 번은 어머니가 외가로 나를 보러 오셨다가, 아무 말없이 돌아가신 날의 일이다. 나는 어머니가 나를 데려가지 않은다는 이유로 외할아버지께 화를 냈고, 대문을 박차고 외갓집을 나왔다. 그렇게 어린 나는 슬리퍼 하나에 모든 것을 의지한 채 부산의 골목길을 헤매고 다녔다.

버스도 탈 줄 모르고, 갈 곳도 없는 다섯 살의 나는, 그냥 무작정 걸었다. 눈물이 멈추지 않았고, 발은 점점 무거워졌다. 하늘은 저물고 어둠은 짙어갔지만, 어디로 가야 할지 몰랐다. 결국 걷고 또 걷다가 낯선 동네의 길모퉁이에 쪼그려 앉아 울었다. 한참을 울다가 낯선 아저씨의 손길에 이끌려 파출소로 갔다. 늦은 밤 외할머니와 외삼촌이 파출소로 달려와 나를 데려갔다.

며칠 뒤, 나는 다시 시골의 두 평짜리 방으로 돌아왔다. 어머니는 말없이 나를 끌어안으셨고, 그 품은 따뜻하고도 무거웠다. 그날 이후 어머니는 돌봐야 할 식구가 하나 더 늘었고, 삶의 무게도 한층 더 깊어졌다.

세월이 흘러, 형편이 조금 나아졌다고 느낄 즈음, 어머니는 쉰다섯이라는 나이에 췌장암 판정을 받으셨다. 이제 겨우 숨을 돌리나 싶었고, 이제부터라도 어머니를 행복하게 모실 수 있을까 싶던 찰나였다. 하지만 암세포는 너무나 빨리 전이되었고, 어머니는 허망하게 우리 곁을 떠나셨다. 그 쉰다섯 해의 시간은 어머니가 한 사람의 딸이자, 며느리, 아내이자 어머니로서 자신의 삶을 덜어내며 타인의 삶을 채운 시간이었다.

어머니가 떠나신 지 벌써 20년이 넘었다. 제사가 다가와 나는 제사 음식을 준비하러 진주 논개시장을 찾았다. 시장 입구의 골목을 걷다가 분식집에서 풍겨오는 튀김 냄새에 걸음을 멈췄다. 어머니가 병을 앓으신 후, 기름기 있는 음식은 모두 금지되었기에 나도, 어머니도 감히 입에 대지 못했다.

그런데 눈앞으로 고구마튀김과 오징어튀김이 소복이 쌓여 있다. 바삭하게 튀겨진 튀김을 보며, 문득 어머니가 좋아하시던 그 맛이 떠올랐다. 그리고 내 어린 시절, 그 애틋하고 서러운 향수 속에 젖었다.

"등을 보이며 도망쳤던 나를 바라보던 어머니는, 그때 무슨 마음이셨을까?"

보고 싶던 아들의 얼굴도 보지 못하고 돌아서야 했던 어머니, 분명 돌아서며 눈물을 훔치셨을 그 얼굴이 선명히 떠오른다. 어머니가 참, 많이 보고싶다.

어머니가 좋아하시던 고구마와 오징어튀김을, 그의 아들인 나도 좋아한다. 어머니와 나의 인연은 그 바삭한 튀김처럼 고소하고 따뜻한 기억으로, 때로는 애처롭고 쓸쓸한 기억으로 남아 있다. 올해 어머니의 제사상에는, 그동안 올리지 못했던 고구마튀김과 오징어튀김을 꼭 올릴 것이다.

"부디 그곳에서는 마음껏 드시고, 아프지 않으시길요. 어머니!"

2. 붉은딱지보다 더 붉은, 어머니의 마음

중학교 1학년이던 해, 우리는 버스터미널 근처 방 두 칸짜리 전셋집에 살고 있었다. 여동생은 부모님과 같은 방을 썼고, 남동생은 나와 작은방을 나눠 썼다. 나는 사춘기의 문턱에 들어선 아이답게 투정을 부렸다. "이제 중학생인데, 내 방 하나쯤은 있어야 하지 않겠어요?"

어머니는 아무 말 없이 나를 바라보셨다. 그 고요한 시선 속에 담긴 무게를 그때는 알지 못했다. 내가 던진 철없는 말 한마디가 어머니 마음에 얼마나 깊은 주름을 남겼는지, 그땐 정말 몰랐다.

어머니는 부산에서 나고 자라셨다. 항구의 바람과 물기를 머금은 도시에서 자란 분답게, 언제나 단정하고 세련된 옷차림을 잃지 않으셨다. 우리가족은 부모님의 노력 덕분에 연못에서는 물고기가 놀고, 철따라 꽃이 피던 마당 큰 집에서 살았다. 가족 모두에게 방이 있었고, 거실에 모여 식사하며 함께 웃고 울던 시간이었다.

하지만 아버지의 잇따른 연대보증이 모든 것을 삼켜버렸다. 세번째 보증으로 무너지던 날, 집도, 웃음도, 우리 각자의 방도 하나씩 사라져갔다. 계단을 오르내려야 하는 전셋집, 방 두칸의 삶이 시작됐다.

어느 날, 익숙하면서도 낯선 구두소리가 현관 앞을 울렸다. 집달관이었다. 어머니는 허둥지둥 문을 열며, 떨리는 목소리로 읊조렸다.

"제발… 애 책상에는 붙이지 마세요. 공부하는 아이예요… 제발요."

붉은딱지 하나, 둘… 문과 가구를 차례로 덮을 때마다 어머니의 등은 점점 작아졌고, 그 작아진 등 너머의 어머니 목소리는 집 안 어디에도 울림없이 흩어졌다. 마치 바람을 맞은 얇은 커튼처럼....

나는 그런 어머니의 슬픔도 모른 채, 친구들과 놀 궁리만 하며 학교와 골목을 들락거렸다. 어머니는 나를 나무라지 않으셨다. 그저 구석에 앉아 구멍난 양말을 꿰매시거나, 말라 빳빳해진 수건을 정갈히 개고 계셨다. 그 손길엔 원망도 불평도 없었다. 다만, 철없는 나를 조용히 감싸는 온기가 있었을 뿐이었다.

이제 나는 대학을 졸업하고, 경찰이 되어 세 아이의 아버지로 산다. 너무 늦게 철이 들어, 너무 늦게야 어머니의 삶을, 그 내면의 고요한 용기를 이해하게 되었다. 그러나 깨달음이 닿았을 즈음, 어머니는 내 곁에 계시지 않았다. 쉰다섯. 너무 이르고 아쉬운 이별이었다.

나는 종종 그날을 떠올린다. 집달관 앞에서 붉은딱지보다 더 붉은 마음으로 고개를 숙이시던 어머니의 뒷모습을..... 그 순간, 나는 神을 보았다. 위엄도 위선도 없는, 사랑 하나로 버틴 한 인간의 숭고함을....

그 장면은 내 기억 속에서 바래지 않은 한 장의 사진처럼 남아 있다.

어머니의 삶에서 나는 인생을 배웠고, 어머니는 나의

첫 번째 스승이셨다. 이제 내가 어머니의 나이가 되어가며, 문득문득 내 말투나 손끝에서 어머니의 향기를 느낀다. 부모는 자식의 거울이라는 말이 불현듯 떠오른다. 그래서 오늘도 다짐한다. 내 아이들에게 좋은 부모가 되자고.

어머니,고맙습니다. 그리고… 사랑합니다!

김귀순
金貴順

writer119@naver.com

· 시인, 중국 천진외대동방대학원 한국학과수료
· 〈조선문학〉 신인문학상(시), 경기도문학대상(수필)
· 조선문학가협회이사, (사)한중문예콘텐츠협회이사
· 형상시21 문인협회장 역임, 중국 천진외대 초빙교수
· 중국 두만강문학상, 한반도문학 최우수상
· 시　집: 『대부도 야생화』 『인연법』 등
· 수필집: 『민낯』 등

미호천美湖川 어머니

김귀순

지금도 美湖川 강물 따라 흐르는 어머니 얼굴
북극성에서 날아오는 어머니 자장가 목소리도
밤새 은하수 달빛 별빛 눈빛 모으고 모아서
내 어둠을 화엄경 목탁 소리로 걷어주시네
늘 빛과 어둠으로 내 이마 위에 큰 별로 떠서
스리랑카 절벽 박제로 떠서 지켜주시는 어머니

내가 세살 때 북극성 별이 된 연약한 어머니
픕고 외로울 때마다 백합 같은 미소로 피어나
곁에서 감싸주시는 어머님 손바닥 뜨거워요
무당 할미에게 나를 팔아서 긴긴 壽命 빌어준
얼굴도 모르는 어머니 얼굴 한번 보여주세요
오늘 밤에도 이마에 흐르는 美湖川 강물소리여

별로 뜬 어머니

1.
악몽 끝에는
어머니가 내 이마 위에 늘 앉아 있었다
폭풍같은 눈물 끝에도
어머니 손바닥이 늘 얹혀 있었다
별빛처럼, 달빛처럼
내가 어머니 곁에 갈 때까지
그렇게 내 이마 위에 앉아 있을
우리 엄마

2.
깊은 밤마다 눈섭 위로 내리던
뜨거운 손바닥을 나는 몰랐네
그 별빛이 어머니임을 몰랐네
어둠보다 먼저 앉아있던 어머니

세 살 때 별로 뜬 어머니
얼굴도 잘 모르는 어머니
그러나 별빛처럼 다가오는 어머니
그러나 너무 잘 아는 어머니 얼굴

송도 밤바다 캠프

김귀순

1.

우리는 태어나면서 죽을 때까지 수많은 만남을 갖게 된다. 만날 때마다 선택도 해야 하고 또 만나면 헤어져야 한다. 만남과 이별의 운명적 반복이다. 만해(卍海) 한용운은 '만나면 떠날 것을 염려하지 않은 것은 아니지만.... 내가 님을 보낸 것은 아닙니다...' 세상 '인연법'에 온몸을 떨었다.

만남 가운데 가장 소중한 만남은 역시 가족의 만남이 아닐까, 물론 상황과 여건에 따라 달라지겠지만 가족 이상으로 소중한 것이 또 무엇이 있겠는가, 지난겨울, 우리 가족 총13명이 인천 송도 앞바다에 고드름같이 모였다. 분가한 세 가족 손주들까지 모처럼 모였다. 특히 북경에 사는 둘째 딸네 가족 5명이 겨울방학을 맞아 귀국하게 되어 겨우 모이게 되었다.

마지막 겨울 대장군이 얼음칼을 마구 휘두르는 야밤의 겨울파도는 또 다른 환상과 경탄을 준다. 바닷가 캠핑장 두 개의 캬라반 사이에 화톳불울 피웠다. 손주들은 반쯤 탄 불고기를 서로 채워가 시장끼를 메워갔다. 평소에는 손주들끼리 남 보듯 서로 어색해했으나 캠핑장에서는 밤새도록 같이 뛰어놀았다.

한 가족 피붙이들이지만 해외에 살기도 해서 애정을 쌓을 기회가 별로 없었다. 이렇게 살아도 되는 것인가, 고양이 눈알 같은 불안도 불고기 석쇠 시뻘건 연기와 함께 사라졌다. 검은 비단 밤하늘을 이불 같이 덮고 그동안 묵혔던 스토리텔링이 은하수같이 쏟아졌다. 세 가구 모두 바쁘게 살다 보니 이런 간단한 가족모임도 정말 귀한 것 같다.

마음만 먹으면 언제라고 모일 것 같지만 그게 언제나 쉽지 않았다. 북경에서 국제고교에 다니는 둘째 딸 첫 손녀는 어느 대학에 갈 것인가 하는 문제 등 불안산맥 절정의 사춘기이다. 같은 동갑내기 첫째 딸 첫손자도 역시 대입 걱정에 스트레스가 북극성에 매달리는 겨울밤 시간들이다.

활활 타오르는 화톳불 옆에서 한껏 흥분된 나는 저절로 떠오르는 시 한편을 뚝딱 지었다. 미진한 초안이지만 막내 손주에게 내밀었다. 초교 4학년 녀석이 할메의 시를 크게 소리쳤다. 못 쓰는 시이지만 평소에도 막내는 할메가 시인이라는 게 큰 자부심이다. 혹한의 밤바다가 아무리 세차게 불어도, 눈인지 비인지 눈비가 폭우로 내려도, 우리는 화톳불같이 뜨겁고 환하게 서로의 얼굴들을 깊이 더듬어 보았다. 13명의 식구들은 오랜 해후를 뜨겁게 별밭에 올렸다.

겨울 송도 바닷가에서 만나는 얼굴들
고드름 같은 따뜻한 밤바다 여행 떠나네
자식이란 낱말이 가슴 끝에 미어지네
석류알같이 빨간 물감으로 터지는 그리움들
하얀 광목 위 파라핀 나염으로
밑그림 위에 자꾸 덧칠해 보는 지난 공간들
가족이란 늘 눈물 같은 고드름 같아서
또 한 가닥 눈섭 끝으로 마음 끈 묶어보네

2.

일찌감치 캬라반으로 들어간 아빠 얘기로 화제가 옮겨졌다. 최근 유난한 우울증을 보이는 아빠를 걱정하기 시작했다. 급격하게 퇴락한 아빠의 시력이다. 월남 백마부대 참전 유공자인 아빠는 양쪽 청신경도 나갔지만 이제 눈까지 악화된 것은 녹내장이어서 자칫 실명할 수도 있단다. 그 악명 높은 '고엽제'의 영향도 있다며 국가보훈병원 의사의 천둥소리에 우리 식구들은 더욱 놀랐다.

아빠는 아니라고 부인하지만 낭떠러지 끝의 불안을 감출 수 없다. 실명이라니? 한국군이 10년간 약50만명이 월남전에 파견되었단다. 그중 악성 농약 제초제인 고엽제에 걸린 장병들은 그 자녀들까지 기형아가 나와서 세계적인 충격으로 돌출되기도 했다. 월남전 생화학 문제가 유엔에서도 지탄이 되었다.

태평양 돌고래같이 씽씽한 2십대 청년들이 자유와 민주주의 수호를 위해 먼 월남 땅까지 달려가 참전한 것이다. 머리에 관통상을 입거나 팔다리가 끊어져 나간 우리의 전상군인들이 또 얼마나 많은가. 우리 월남전우회 모임에는 부부가 함께 나가기도 한다.

그중에는 택시 운전기사에서부터 전충남도경국장 또는 교수와 변호사 등도 있다. 직업도 다양하지만 옛날 젊은시절 목숨을 같이 나눈 전우들이라며 벌써 60년 넘게 모이고 있다. 어깨동무하며 국내외 여행도 같이 다닌다.

남편은 대학졸업반 때 입대하여 제1공수특전단으로 해서 다시 월남 백마부대 수색대에 파견되었다. 결국 상이군인이 되어 귀국했다. 온몸에 끔찍한 총탄 흉터에다가 양족 귀머거리가 되었다. 몽골 황무지를 달리던 야생마가 병신이 되어 돌아온 것이다. 당시 시부모님들 심정이 어떠했을까, 이제 귀머거리에 녹내장 실명까지 위험하다.

다행히 독일에서 보청기가 처음 수입되면서 교단에 겨우 서게 된 것이다. 그동안 사회적 약자로서 주변의 놀림과 세상의 조롱 속에서 남모르는 고통이 얼마나 극심했겠는가, 그 모든 생채기를 혼자 인내하면서 소설로 트리우마를 달래왔다. 베트콩들의 구정공세 때 겪었던 백마부대 참전 실화를 바탕으로 쓴 소설이 〈동아일보〉 신춘문에(1979년)에 당선된 '회귀선'이다.

가난한 신혼시절 우리는 구파발 종점에서도 산 고개를 하나 또 넘어야 하는 초가집에서 살았을 때였다. 당시 성정여고 교사였던 남편은 수업 중에 동아일보의 전화를 받았단다. 즉시 나에게도 알려주었는데 어리둥절했던 나는 그때 축하 한 마디 못해 준 게 지금도 미안하다. 더욱 미안한 것은 지금도 '여보, 사랑해!' 한 마디 안하고 살고 있다.

드라마에서는 그 흔한 낱말 하나가 나는 왜 이렇게 안 될까? 어리둥절한 것은 또 하나 있다. 당시 시아버지가 크게 기뻐하며 첫 손주를 안고 찍은 기념사진을 나에게 보여주었는데 그때도 '아버님 감사합니다!' 답변을 못하고 고개만 숙였었다. 이제 하늘에 계신 아버지에게 평생 불효가 된 셈이다.

8학년1반 남편은 지금도 밤새 워드를 친다. 컴 모니터가 절반밖에 안 보여 아들이 사다 준 고도의 돋보기 두 개를 겹쳐놓은 이상한 안경을 쓰고 워드를 친다. 문학은 남편에게 또 하나의 목숨이고, 영혼인 것 같다. 불안하지만 워드를 치는 그의 뒷모습을 보면 오히려 안심이 된다. 아직은 자기가 좋아하는 것을 밤새 두드릴 수 있다는 것만도 행복이 아닐까.

얼마 전에는 '달이즈믄바람에'(평전소설)을 세상에 내놓았다. 한국독립운동사에 추가될 그 실화의 주인공은 1930년대 북만주 일대에서 3대 일가족 모두가 무장항일

투쟁에 참여한 희귀한 사건이다. 즉, 주인공은 신광렬(자생한방병원장의 부친) 한의사 일가족의 비극이며 민족적 희생이다.

한국독립운동사 3대전투의 하나인 '대전자령전투'의 영웅 지청천 장군의 부관이며 군의관인 신홍균 그리고 그의 친조카 2대 신광렬, 3대 신준식으로 이어진다. 남편은 약 3개월간 관련 역사자료를 대조해 가며 논문을 쓰듯 자서전식 소설을 써내었다. 역시 공수부대 특수요원 출신이라 의지가 좀 남다른 것같다. 이런 사나이와 베개를 같이한다는 게 뿌듯하면서도 불안하다.

3.

우리 가족은 이렇게 은하수를 베고, 서해바다 파도소리를 두 손에 모으고 있다. 조그맣게 한 세상 사는 것 같다. 기어코 나는 말로는 직접 표현하지 못하고 간접적인 연애편지를 한번 썼다. 지난 남편 생일이다. 어쩌면 평생 처음이자 마지막 편지일지도 모른다. 괴테의 '가난한 애인들'보다는 한참 못하겠지만 나만의 뜨거운 손편지이다.

'마지막 데이트 신청; 여왕의 눈꽃이 온 세상을 여행하네/ 잠자는 그대 이마 위에도 조용히 내리네/ 가만히 뜨거운 노래도 불러보네/ 흰눈을 달리는 사슴 발자국같이/ 상처투성이 그대 가슴 위로 마구 달리네/ 얼어붙은

내 감정 녹이는 마법은 왜 없을까/ 눈꽃과 고드름과 눈물의 송도 밤바다 그리고 오랜 파도여'

어느덧 새벽인지 야밤인지 손주들도 여기저기 쓰러지며 깊은 잠에 빠져 코고는 소리가 들렸다. 그들의 꿈이 태평양에 돛단배 띄우고, 북극성 위로도 날아 올라가 노르웨이 공주와도 춤추길 바란다. 얼음꽃 피우는 시베리아 자작나무 잎새에도 날아가 앉기를 바란다.

그게 또 북두칠성을 쏘아 맞추는 핸폰 게임이 될지언정 늘 마법의 고깔모자도 잊지 말아라, 세상은 게임 같이 변화무쌍한 것, 다만 왕과 왕후는 바로 할베와 할메로 나타나길 바란다. 마법 같은 인천 송도의 밤 바닷가 겨울밤 조그만 소풍이다.

신철수
申澈守

· 號 玉山, 거제도 산달섬 출생 (1958년 12월24일)
· 동아대학교 정치외교학과 졸업
· 2016년 '제54회 옥포대첩기념' 백일장 운문부 입상
· 2017년 〈모던포엠〉 시 신인상 수상
· 2022년 '제3회 거제북시티' 우수작품상 (漢詩)
· 2022년 '산달섬 무지개다리' 玉山 申澈守 漢詩 기념판
· [한국서예협회] 제18회 거제인물전, '거제붓들다'(채자)
· 한국문인협회, 한반도문인협회, 거제시문학회, 거제문인협회,
· 청마기념사업 등 회원
· 전) 경상남도. 국민연금관리공단, 국민건강보험공단 등 공무원

玉山 옥산 신철수 한시선

申澈守 漢詩選

玉山 申澈守 著

아시아예술출판사

春雨草 춘우초

思母聲春雨(사모성춘우)
思父春草見(사부춘초견)
見春雨草心(견춘우초심)
親思每年年(친사매년년)

봄비에 풀 돋아나고

봄비 소리 들으니 어머님 생각나고
봄 새싹 보니 아버님 생각 나네
봄비 봄풀 마음으로 보니
해마다 부모 생각뿐이로다

母,我母

春岸艾採好味湯 (춘안애채호미탕)
夏暑夜蓋凉痲衾 (하서야개량마금)
秋莒採釜烹田黃 (추거채부팽전황)
冬寒夜蓋木花衾 (동한야개목화금)

어머니, 나의 어머니는

봄에 언덕에서 쑥 캐어 맛있는 좋은 국 끓여주시고
여름에 무더운 밤 시원한 삼베 이불 덮어주셨고
가을에 황토밭에서 감자 캐어 솥에 삶아 주고
겨울에 추운 밤 목화솜 이불 덮어 주셨네

박 이 건
朴李乾

plg7032@naver.com

· 신한대학교 공연예술학과 재학
· 2025한반도문학 〈엄마의 꽃향기〉 신춘문예 당선
· 삼강문학 〈시도꾼들이여〉 발표
· 한중공동시집 '선인장의 방' 등 발표
· 〈더 판: 상여소리와 난장판의 경계〉 이쁜이, 경찰 외 다역
· 넷플릭스 〈굿뉴스〉 배우 출연 외 뮤지컬, 연극, 영화, 극작 부문 활동

GÖKSU AİLE KABRİST
AHMET GÖKSU
NAZİFE GÖKSU
FEVZİYE GÖKSU
RUHLARINA FATİHA

박이건과 어머니

선인장의 방

박이건

자취방 문을 열면, 미지근한 온기가 바닥을 타고 퍼진다.
모래 한 줌 새어 든 듯 고요하다.
나는 오늘도 사막을 걷는다.
발자국이 지워진 모래 위에서,
길을 잃지 않으려 애쓰는 한 점의 선인장처럼.

빨래가 마른다.
세게 잡으면 주름이 패이고,
헐겁게 접으면 기억마저 흐트러진다.
손끝이 아는 대로, 어머니가 가르친 대로.

나는 선인장이다.
손바닥 틈마다 가시가 돋고,
물 한 방울 스며든 자리마다 기억이 돋아난다.

보일러를 켠다.
서늘한 겨울밤을 눅진한 온기로 덮는 일.
온도를 맞추는 일엔 늘 정성이 필요했다.
사랑도 그렇다는 걸, 나는 이제야 안다.

손바닥의 가시 자국을 문지른다.
어머니 손에도, 보이지 않는 가시가 있었다.
그 가시는 나를 찌르지 않고,
나 대신 아파하며 돋아났다.

나는 사막을 걸어도, 결국 어머니를 닮아간다.
빨래를 개키듯,
나는 하루를 접고, 다시 내일을 편다.

호랑이꽃

책 속에 한 송이 꽃이 잠들어 있다.
손끝 닿자 퍼지는 들꽃 향기.
어머니가 남긴, 지리산의 들꽃.
이슬 젖은 흙내음, 가슴 깊이 스민 온기
포근한 안개로 두른 산줄기 능선,
어머니, 그대는 산이었다.
호랑이 포효로 나를 깨우던,
대한의 등줄기를 지키던 어머니였다.

별을 좇기 전, 발밑을 살피라던 말씀.
내 걸음이 서툴던 시절,
어머니는 바람으로 길을 쓸어주었다
먼 강과 별을 좇으며
맹모의 뜻을 품고 길을 나섰다.
더 넓은 하늘을 품고자 할수록
짙어지는 것은 어머니의 음성과 향기였다.

희미해지던 길 끝, 바람마저 나를 밀쳐낼 그때
산 너머 호랑이 울음이 퍼졌다.
그것은 바람이 아니었고, 짐승의 울음이 아니었다.

이 땅을 지켜온 어머니들의 숨결이었다.
"왔는가."

그제서야 나는 고개를 들었다.
목성과 화성이 춤추고,
달빛이 나를 감싸고, 나는 귀를 기울였다.
"그려, 알았네."
정상에서 부는 바람이
어머니의 손길이었다.
달빛아래, 책장 사이, 들꽃 피어난다.
그곳, 언제나 영원한 가르침의 어머니가 계셨다

최 보 중
崔 補 重

muhak07@naver.com

· 공주교대졸업, 한반도문학, 월간문학바탕 등 회원
· 초등학교교장역임, 충북옥천자연인

최보중의 어머니

어머니

최보중

1.

맑은 미소 머금은 동그란 얼굴
하이얀 볼 위에 피어난 사랑의 보조개
당신은 따스한 숨결로 생명을 품고,
햇살 같은 손길로 내 삶을 어루만져주시네

거칠어진 손바닥, 갈라진 발끝마다
자식子息을 키워낸 눈물과 기도가 스며 있고,
맑고 깊은 그 사랑은 세상을 감싸 안고,
빛나는 별이 되어 나를 비추시네

해맑은 미소로 따스한 사랑을 건네고,
慈愛로운 눈빛으로 자식을 어루만져주신 분
자식을 위해 이貳 손 모으시던 그 기도가
오늘도 자식의 길을 밝혀주시네

세상이 아름다운 건 당신의 사랑이 꽃을 피우고
삶이 향기로운 건 당신의 은혜가 이곳에 있으니
당신은 나의 영원한 등불, 찬란히 빛나는 은하수
당신은 나의 영원한 빛이 되어 사랑으로 빛나시네.

꽃밭 소녀

하얀 피부 백옥의 광채로 빛나고
동글동글 눈 코 입 예쁜 아가 까르르 미소 뿜으면
만인萬人이 만개滿開 미소 짓고

소녀, 담장 밑 꽃밭 길을
이貳 손 이貳 발로 기어갈 때는
엄마도 아빠도 행복한 만개 미소 짓고

소녀, 담장 밑 꽃밭 길을
이貳 발로 다닐 때는
술래잡기 줄넘기 말뚝박기하며 친구들과 신나게 놀고

소녀小女, 담장 밑 꽃밭 길에 앉아서
꽃밭을 가꿀 때는
백마 탄 왕자가 내려와 초원에서 훨훨 날아 춤을 추고

소녀, 아가들이 담장 밑 꽃밭 길을
기어가고 뛰어가고 짝을 찾아 떠날 때도
이貳 손 모아 이貳 발 바쳐 행복 실려 보냈는데

소녀, 구십九十하고 삼三인데
담장 밑 꽃밭을 돌보는 소녀가 기어간다 혼자서
이貳 손 이貳 발로 기어간다,
소녀가 四 발로 기어가는구나

아~ 임恁이시어!
임은 무엇을 위하여 종鐘을 울리는가

삶은 희망이다

최보중

청춘의 꿈은 1986년을 맞아 부풀었다. 이제 대학을 졸업하고 행복한 사회의 일원으로 행복한 가정의 일원으로 아이들이 바르게 성장할 수 있도록 교단에 설 그날이 하루빨리 올 것을 기원했다. 그러나 교단의 실정은 녹녹하지 않았다. 먼저 대학을 졸업한 선배들이 발령을 받지 못하여 대기 상태에 있었기에 이번 졸업기수들은 적어도 1년은 대기를 해야만 했다.

어려운 가정 살림에 대학까지 공부시키느라 힘들었던 부모님, 혁이에게 남겨진 것은 삶이 고달프다 못하여 빚까지 있었던 부모님의 삶을 어루만져 드려야 했다. 혁은 가끔 뒷동산 잔디에 누워 푸르고 푸른 하늘에 두둥실 떠가는 구름 이에게 이름을 지어주고 그들과 대화했다. 별아, 내가 하나하나 해결해 나가리라. 혁이는 하나 하나 계획을 세우고 구름 이에게 약속하곤 했다.

"그래도 나는 젊다. 그러니 얼마나 좋은가. 이 젊음으로 못할 것이 무엇이겠는가. 나는 할 수 있다"

그러던 어느 날 혁이는 발령이 나는 날까지 서울에 올라가 밥벌이라도 해야겠다고 집을 나섰다. 대학을 졸업하였지만, 발령이 나면 학교에 가야 하기에 그가 할 수 있는 일은 거의 없었다. 그는 길거리를 거닐다가 '직원구

함'이라는 광고지를 보고 찾아간 곳은 경양식 집으로 홀에서 서빙을 하는 자리였다.

주인집에서 숙식을 해결할 수 있다기에 일을 하면서 발령을 기다리기로 했다. 그곳에서 돈까스, 함박스테이크, 오므라이스, 스테이크 등이 담긴 접시를 나르며 용돈을 벌어 생활을 이어갔다.

어느 날 저녁 손님을 받았는데 정장 차림의 다섯 남자가 저녁과 술을 한잔하고는 외상을 하겠다며 명함을 내밀었다. 사장님께 "어찌할까요?" 했더니, "자네가 받은 손님이니 책임을 지세요!" 한다. 어찌할 수 없어 혁이는 손님에게 외상값을 가지고 갚으러 오겠다는 약속을 받고 손님을 배웅했다.

월급날이 되었다. 사장님은 정말로 외상값을 떼고 월급을 주었다. 혁이는 기가 막히었다. 외상을 한 손님은 오지 않았고 전화도 받지 않았다. 혁이는 양식집을 그만두고 외상값 대신에 명함을 내민 사람을 찾아갔다. 명함을 들고 한강대교를 건너 외상 손님의 모모 회사를 찾아갔다.

마침 그곳에 혁이의 월급을 차감한 손님이 있었다. 혁이는 손님과 월급에 대한 차감 이야기를 했더니, 다행히도 미안하다며 외상값을 주었다. 참으로 고마웠다. 바빠서 외상값을 갚으러 오지는 않았지만, 그래도 혁이의 사정을 안타깝게 여기며 외상값을 내어준 그 사람이 경양식집 사장님보다 좋았다.

시골집에 내려와 하늘의 별들과 몇 날을 보냈던가, '하늘의 별은 반짝반짝 밤마다 춤을 추고, 가끔은 우주를 여행하는 별들도 더욱더 빛나는데, 세상은 일자리가 없어 정처 없이 떠도는 젊은이도 많고, 먹을 것이 없어 하루하루 끼니를 걱정하는 사람들도 많구나!'

희망의 날이 밝았다. 드디어 교사발령 통지가 도착한 것이다. 1987년 3월1일자로 ♡♡국민학교로 발령을 받았다는 통지였다. 참으로 기뻐서 부모님께 소식을 전했다. 이토록 좋으실까? 함박의 미소를 지으시며 그랬다.

"아들 수고했다. 이제 다 되었다. 우리 아들 자랑스럽다. 이제 정말 선생님이 되었네! 축하해!" 하시며 멀리 JC 지역으로 향하는 혁이를 배웅하셨다.

그리도 좋았는데 그리도 기뻐하셨는데 1987년 6월1일 오전11시경 사건이 벌어졌다. 중학교 때 만난 여학생이었는데 성당에서 만난 이후 소식이 없었다. 대학을 졸업하고, 친구 집에 놀러 갔다가 친구의 앨범에서 나를 발견했단다. 그녀는 바로 혁이가 중학교 때 만난 여학생이었다. 그녀가 앨범 속에 주소를 보고 혁에게 편지를 보낸 것이다.

한 달 전에 만나 미래를 위하여 외국으로 직장을 구해 떠난다는 말을 남기고 그녀는 사라졌다. 그녀가 오늘 김포공항에서 전화를 한 것이다. "잘 있어, 나 지금 가." 정말로 노랫말 가사(잘 있거라, 나는 간다)를 전하는 것 같았다. 그녀는 떠났다. 그래 잘 있다 와. 그렇게 우리는 마지막 인사를 했다.

그때였다. 화장실에서 볼일을 마치고 돌아서려는 순간 '마지막 한 방울도 잘 살펴요!'라는 문구 앞에 혁의 시선은 아래를 향했다. 두 눈이 반짝이며 커다란 동그라미를 그렸다. 마지막 한 방울은 붉은 피로 하얀 U자 소변기에 낙하하며 붉은 낙하산을 폈다. 이게 무슨 일인가 천둥치는 가슴을 달래고 달래도 가슴은 멈추질 않았다. 혁이는 교실로 돌아가 생각한 끝에 교감 선생님과 교장 선생님을 찾아뵙고 조금 전에 있었던 일을 말씀드렸다.

그날부터 혁은 바로 비뇨기과 병원을 방문했지만, 병원장의 말은 혹시 여관에 가서 일을 보았나요? 잘 생각해 봐요, 여인과 긴 밤을 보낸 일은 없는지요? 아니요. 저는 아직 솔로 나이는 25이고 그런 일은 없었습니다. 그리고 지금도 혼자 지내고 있습니다. 그날 이후 특별한 대답을 얻기 위하여 제천의 병원 이곳저곳을 한 달여 정도 다니며 진료와 검사를 병행하였지만, 특별한 해답을 얻지 못하고 마지막으로 JC 지역에서 가장 크다는 병원을 찾아 CT를 찍었다.

하지만 그곳에서도 정확한 원인을 찾지 못하여 이곳저곳의 진료 자료를 모아 다시 맨 처음 방문했던 비뇨기과 병원을 찾았다. 원장님께서는 진료자료들을 다시 살펴보시고 정확한 진단이 필요하다. 하시면서 혁이에게 상급기관 진료의뢰서를 써주셨다. 한 달여 동안이나 진단이 내려지지 않은 까닭에 걱정이 걱정을 물었다.

긴 밤을 그렇게 걱정과 사투하며 온 밤을 설치고, 아직 동이 트기 전 새벽 5시 첫차에 몸을 실어 JC역으로 향했다. 6시에 출발하는 새벽 기차는 찬 바람을 가르며 원주를 향해 달리며 달려 혁이는 원주역에 내렸다. 뚜벅뚜벅 발걸음에 택시 하나가 혁이 옆에 서서 "어디 가요?" 원주대학병원에 가요! 했더니, 혁을 그곳에 옮겨 놓았다.

또다시 터벅터벅 발걸음도 무거워라, 혁이는 디귿 자 모양의 40계단을 올라 2층 진료실 앞 긴 의자에 지쳐가는 몸을 던졌다. 진료실에 들어오라는 간호사의 말에 뒤따라 들어가니, 의사가 다가와 "어디 얼마나 어떻게 안 좋은지 봐야 하니까 바지 내리고 여기에 누워봐요" 했다.

순간 어머니의 기다란 뜨개질바늘 크기에 쇠막대를 들고 다가오며 "좀 아파도 참아요." 했다. "거시기를 통과해서 봐야 하니까. 결혼은 했나요?" 아니요, 아직 총각이고요. 보호자도 없으니 그냥 자세히 말씀해 주세요. "아, 그런가요? 보호자가 있어야 하는데요." 아니요. 없어요. 혼자 왔으니 그냥 말씀해 주세요. "실은 많이 안 좋은 증상이 있어요."

어떻게 얼마나 안 좋은가요? 수술하면 좋아지나요? "수술하면 90% 살 수도 있고 아닐 수도 있어요." 무슨 병인가요? "아~아 암입니다." 아 그래요? 그러면 저는 그냥 가렵니다. 진료실을 나와 화장실로 들어가 담배와 라이터를 버리고, '아 이제 떠날 시간이 왔구나.' 하면서 병원 계단을 내려 걸었다.

'아니 벌써? 라고 누가 말해줄까?'

사실 혁이가 알고 있는 상식으로는 그랬다. 1980년대 이전은 물론 그 당시도 의학 기술의 발달이 암을 치료할 수 있는 수준보다는 진단수준, 그리고 치료하다가 환자는 세상을 달리한다는 현실 속에 사람들은 살고 있었다. 그 이전은 물론 암이라는 진단을 받으면 누구는 항암을 한다네. 누구는 항암을 받다가 어찌 되었다네. 혁이도 그랬다. 수술이라는 것 항암이라는 것을 해보아야.

'두서너 달 더 병원에서 치료받다가 먼 곳으로 돌아오지 못할 여행을 떠날 거실 텐데.' '차라리 그동안 키워주신 부모님께 한 번 더 잘해드리고 지난날 함께했던 친구들과 마지막 작별인사를 하며 자연을 벗 삼아 강산을 유랑하며 조용히 떠나리라' 다짐하며 혁은 병원문을 나서고 있었다. 이 풍진 세상을 사느라 식구들 입에 숟가락 하나 더 넣어 주느라 평생을 고행한 정표로 손발이 갈라지시고 해진 부모님의 얼굴이 앞을 가리는데 왜 이렇게 눈에서 물이 흐르나.

흐르는 시간, 아니 세월은 이로도 야속하단 말인가? 존경하는 부모님은 작은 전답을 일구며 마을의 농사를 통하여 얻은 수입 하나하나를 모아 면서기 하나라도 만들어 보겠노라, 자식들을 먹이고 가르쳤다. 그래도 그중에 하나를 대학에 보내어 이제 직장을 찾아 안정을 찾았나 했는데, '어찌 생을 마감할 병에 걸렸다.' 입을 뗄 수가 있단 말인가.

어느덧 해는 저물고 혁이의 발걸음은 병원 앞 포차에 있었다. 긴 의자 끝머리에 걸터앉아 오뎅국물 하나에 소주 두 병이라 1잔, 1잔 또 1잔에 세상이 야속하다 한들 이를 어찌할꼬? 너의 생은 이제 마지막 열차라 하는 길 위에 ... . '무어라 할 말이 없구나.' 포차를 나와 터벅터벅 생의 마지막 열차에 몸을 실은 인생은 취한 몸을 이끌며 또 걷고 또 걷고 있는데 ... .

비틀거리는 발끝에 차이는 빈 병들아, 바닥에 구르는 깡통들 아, 담장에 새겨진 낙서들 아, 길가에 버려진 쓰레기들 아, 길가 가로수에서 뛰쳐나와 거리를 방황하는 나뭇잎들 아, 하며 말을 걸어본다. "그대들은 삶이란 것을 무엇이라 생각하는가?"

"삶은 기쁘다. 삶은 가끔 슬프다.
삶은 건강하다. 삶은 가끔 아프다.
삶은 즐겁다. 삶은 가끔 고통이다.
삶은 사이다다. 삶은 때때로 열 라면이다.
삶은 만남이다. 삶은 때때로 이별이다.

삶은 그렇게 흐르고 흐른다.
삶은 그렇게 배움을 이어간다.
삶은 그렇게 영글어 간다. 삶은 그래서 소중하다.
삶은 그래서 사랑이다. 삶은 그래서 희망이다." 당신에게,
그래서 우리는 당신을 응원합니다.

- 1987년 여름 포차 길에서.

김정희

· 수필가. 경남대 경영대학원 석사, 1995년 예술세계 수필 신인상 등단
· 〈예술거제〉 편집장, 거제예총 및 동랑.청마기념사업회 사무국장
· 거제포럼 회장, 거제시문화예술재단 경영지원부장 등 역임
· 현재, 거제문인협회 회장, 청마기념사업회 부회장, 새거제신문 논설위원, 경남문인협회 이사, 한국문인협회, 한국수필문학 등 회원
· 수상: 경상남도지사 표창장, 우수마케터상(문예재단이사장), 거제시장 표창장, 거제시 장승포청년회의소 대상, 한국예총 및 청마기념사업회 공로상 등

어머니의 추억 기기

김정희

넘기는 앨범에 드문드문 생긴 빈자리
제 어릴 때 사진들을 골라서 빼간 것
앨범의 빈자리만큼
내 가슴에도 생기기 시작한 빈자리

아마도 어머니의 가슴에는 빈자리가
이보다 더 많았을 듯싶은 삶의 바퀴
자식들이 빠져나간 그 가슴의 빈자리를
채우려고 사진 찍기를 시작하신 것

사진기 셔터가 눌러지는 순간
모든 사물은 정지하고
정지된 시간을 하나의 공간에 담아
영상을 보며 미소 짓곤 하시는 모습
인스턴트 디지털카메라가 아닌
차르륵 필름 감는 소리가 좋고
인화의 시간이 마냥 기다려지던

살아온 삶의 크기만큼 무게로
묵직하게 다가오는 그 중량감
어머니의 아날로그 사진기

어머니의 부엌

가족이 하루의 평화를 갈무리하면
청상인 이웃 여인들 서넛이 모여
밤 이슥토록 넋두리에 막걸리를 홀짝이던
어머니의 전용 사교장

술도가의 넉넉한 집 딸로 자라
군인 남편 따라 억척으로 살며 익힌
금언처럼 지혜로운 가르침
충치에는 뜨거운 참기름이요
어디에는 무엇이 좋다던 민간요법 의사

군에 간 아들의 무사를 빌며
정화수 떠 올리던 조왕신의 터전
때로는 눈물로 간을 맞추고
숯덩이로 탄 가슴 열쳐 화롯불을 피우던
우리 어머니의 전유 공간

김지영

- 삼일공업고등학교졸업
- 예인미용학원수료
- 위드뷰티 살롱, 끌로에 헤어
- 박호준 헤어 디자이너 및 원장
- (현재) 편안한 이동

김지영의 어머니

소년 김지영

나의 어머니께

김지영

당신을 바라볼 때
처음 알았습니다
_행복_이라는 것을
따뜻한 눈길 속에서
나는 느꼈습니다
사랑받고 있다는 것을
당신 품에 안기면
세상이 아무리 차가워도
그 안은 늘 _평온_했습니다
심장 소리를 들으며
나는 배웠습니다
_느낌_이라는 것을
마음이 마음을
안아줄 수 있다는 것을
당신의 손을 잡으면
어디든 함께 걸을 수 있었습니다
그 손은 나의 길
넘어질 때마다 조용히 일으켜주는
세상 가장 부드러운 힘
당신은 말없이

나의 울타리가 되어주셨습니다
고요한 미소 뒤의 수고를
그땐 몰랐지만
이제는 압니다
작은 내 웃음 하나에
세상을 다 가진 듯 웃으셨던
나의 어머니
당신의 하루는 나로 가득했고
당신의 시간은 나로 흘렀습니다
당신이 멈춘 자리마다
나는 꿈을 꾸고 걸어왔습니다
이제는 제가
당신의 손을 잡겠습니다
당신의 온기처럼
저도 온 마음으로
당신을 사랑하겠습니다
세상 가장 고운 이름
어머니
그 이름을 부를 수 있어
참 감사합니다

나의 어머니

김지영

1.

어머니를 바라볼 때, 처음으로 행복이라는 단어의 무게를 알았습니다. 그저 바라보기만 해도 따뜻해지는 눈길, 나를 향해 한결같이 웃어주던 미소 속에서 나는 사랑이라는 것이 무엇인지, 그리고 사랑받는다는 것이 얼마나 큰 힘이 되는지 배웠습니다. 어릴 적, 세상이 버거울 만큼 커 보이던 날이 있었습니다. 친구에게 서운한 말을 듣고 돌아오던 겨울 저녁, 차가운 공기 속에서 발끝이 얼어붙을 것 같았는데 집 문을 열자마자 느껴진 그 온기와, 아무 말 없이 안아 주던 어머니의 품이 아직도 잊히지 않습니다. 세상은 여전히 차가웠지만, 그 품 안은 언제나 평온했습니다.

2.

심장 가까이에서 들리던 그 고요한 두근거림이, 그때의 나에게는 "괜찮다"는 말보다 더 큰 위로였지요. 어머니의 손은 언제나 내 길이었습니다. 어린 마음에 무서워 발걸음을 떼지 못하던 순간에도, 그 손을 꼭 잡으면 어디든 걸어갈 수 있을 것 같았습니다. 넘어질 때마다 아무 말 없이 일으켜 주던 그 부드러운 힘, 그 힘 덕분에 나는 자라는 내내 세상이 조금 덜 두려웠습니다. 하지만 한참이 지나서야 알았습니다. 고요한 미소 뒤에 감춰진 수많은 걱정과, 나를 위해 포기해야 했던 시간들을. 그때는 보지 못했던 것들이 이제는 가슴 깊이 아립니다.

3.

내가 웃을 때 가장 환하게 웃어 주던 어머니, 그 웃음 속에는 묵묵히 참아낸 아픔이 함께 있었다는 사실을, 이제야 조금씩 알아가고 있습니다. 어머니의 하루는 언제나 나로 가득했지요. 어머니의 시간은, 숨처럼 자연스럽게 나로 흘러갔고요. 그 멈춘 자리마다 나는 꿈을 꾸었고, 걸었고, 이렇게 살아왔습니다. 이제는 제가 그 손을 잡아 드리고 싶습니다. 어머니가 제게 주셨던 그 따뜻함을 기억하며, 그 사랑처럼 온 마음을 다해 어머니를 사랑하고 싶습니다. 부디, 그 마음이 조금이라도 전해지기를 바랍니다.

- 세상에서 가장 고운 이름, 어머니! 그 이름을 부를 수 있다는 사실만으로도 감사합니다. 그리고 언젠가, 이 마음을 다 전하지 못한 채 시간이 흘러간다 해도 어머니는 제 안에서, 언제까지나 가장 따뜻한 숨으로 살아 있을 겁니다

김현주
金賢柱

· 2022년 ~ 현재 브런치스토리 작가로 활동 중
· 2023년 한반도문학 여름호 시 신인상
· 2023년 포레스트웨일 공동작가 〈봄이 왔어요〉외 4권

엄마 김치냄새

김현주

추운 날 더운 날 가릴 것 없이
파고드는 곳
누구도 막지 않고
얼마든지 품어주는 곳.
사회초년생 첫 면접을 보고
세상이 무서운 것을 알았을 때
세상 어디보다 따뜻했던 곳.

코끝 매운 눈물 바람에
하얀 손수건보다 먼저 찾은 곳
우등상 손에 쥐고
펄쩍펄쩍 가장 먼저 뛰어든 곳.
언제나 그렇듯 그 자리 그 웃음으로
토닥토닥 한껏 품 안에 드는 곳

김치 냄새밖에 안 나는 데 뭐가 좋노.
그냥 다 좋다.
오늘 김치에서 엄마 냄새가 났다.

단감

시간이 가고 계절이 가고
다시 시간이 오고 계절이 오고
지난해 굵은 열매를 매달았던 대추나무
올해는 무슨 일인가.
듬성듬성 작은 열매를 매달았다.
세상이 만드는 연유는 가늠 못 해도
처음 맺은 마음 주고받아
내 마음 그대에게
그대 마음 내게 있다.
보름달 아래 떠난 날 기념하고
소반에 밥 한 그릇 물 한 그릇
두 손 모아 평안을 빌었다.
그리움으로 물들인 고운 단감
가슴속 깊이 품었다가 전해드리는 날
곱고 고운 얼굴로 웃어주소서.

* 단감 : 어머니가 좋아하던 과일

박승옥

- 시인, 1990년 동인시집 〈노래여 순수여〉 발간
- 2014년 한국문학예술 시 〈태백광부의 노래〉 등단
- 2017년 〈바탕시〉 〈한반도문인협회〉 회원

박승옥 어머니

박승옥 가족들

어머니 머리를 자르며

어느날 부터인가
엄마는
내가 잘라주는 머리가 이쁘다 며
마루바닥에 신문을 펼치신다

머리숱이라곤
닭 꽁무니 같이 듬성듬성
육십이 넘은 딸이
노모의 머리를 쓰다듬는다
엄마도 스무살 적에는 머리다발이 탐스러웠을텐데

고개 좀 들으세요
큰 소리로 호통쳐도 그 시간이 길었던지
가위질 사이를 깜박 졸으신다

힘없이 툭 툭 떨구는 엄마의 목 뒷덜미를 보며
다음에 또 머리를 잘라드릴 수 있을까
동글납작한 엄마의 뒷통수를 기억할 수 있을까
숭숭 빠져나간 시간들을 쓸어담으며 가슴이 서늘해진다

소牛띠 엄마

음력 사월생
소띠 엄마
일 복 타고나 소처럼 일하셨다
남편 덕 없으면 자식 덕도 없다고
귀에 못 박히도록 들었다

엄마 가슴은 무슨 철판이라도 되는지
자식들이 대못 쩡쩡 박아도
엄마 가슴은 무슨 바다라도 되는지
무엇이든 나한테 묻으라 하시고

아버지 젊은 여자하고 살림차린 걸
시샘 한번 부리지 않았다
팔십 넘어 조강지처라고 찾아 온 아버지
늙은 껍데기만 왔냐고 퍼붓기라도 하시지
저승길 열어 준다며 49제 올려주셨다

바보엄마 소띠엄마
보고싶은 엄마

박은자

· 대한신학대학원대학교 상담심리치료학과 재학중
· 한국으뜸주부, 평화추진위원회 회장
· 한반도문학 작가회차장

나의 어머니

박은자

당신을 바라볼 때,
처음으로 행복이 무엇인지 알았습니다.
따뜻한 눈빛 속에,
나는 사랑받고 있다는 걸 느꼈습니다

당신 품에 안길 때,
세상이 아무리 차가워도
그 안에서는 언제나_평온_했습니다.
당신의 심장 소리를 들으며
나는_느낌_이란 걸 배웠습니다.
마음이 마음을 안아주는 순간이 있다는걸

당신 손을 잡을 때마다
어디든 함께 걸을 수 있을 것 같았습니다.
당신 손은 나의 길이었고,
내가 넘어질 때마다 조용히 일으켜주는
세상 가장 부드러운 힘입니다.

이제는 제가
당신의 손을 잡아드릴 차례입니다.
따뜻함 과 사랑을 기억하며
세상 가장 고운 이름 어머니.

우주의 심장

어머니 온몸이 자연
우주의 심장이며 말없이 피는 꽃
지구가 멈춘다 해도
어머니의 사랑은 멈추지 않는다.
그 사랑은 영원히 뜨는 힘이며,
미소는 온 세상을 살리는 숨결이다.

그 인품은 온 세계나라를
따뜻하게 돌게 하셨고, 하늘도 땅도
어머니 사랑앞에 고개를 숙인다.
별들도 어머니 눈물 앞에 숨을 멈췄다.

어머니의 심장은 세계로 나아가는 평화의길,
자연을 밝혀주는 진실의 등불
그 사랑은 하늘보다 높고 바다보다 깊으며,
온 우주를 품은 자연과 세상의 중심이며,
지구를 지키는 단 하나의 심장

아들 셋, 딸 넷
칠남매를 정성으로 키우시고, 시부모님을

극진히 모시며 세상을 향한 효도의 빛이며
그 인품은 온유하고 겸손하며 지혜롭고
웃음과 미소로 세상의 모든 사람에게
사랑을 나누어 주신분
우리 어머니, 당신은 세상 하나뿐인 사랑이며
우주가 숨쉬는 심장입니다

유영숙
柳英淑

· 서울교육대졸업, 전 서울경인초등학교 교장
· 현 인천문인협회 정회원, 한반도 문학 정회원
· 수상 : 2024년 한반도 문학 신춘문예 동시 부문 당선
· 에세이집: 『퇴직했지만 놀지 않았습니다』,
『매일 행복하지 않아도 행복해』 등

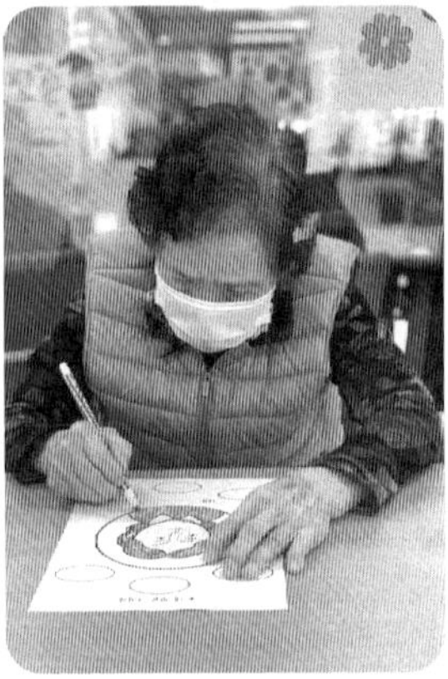

유영숙의 어머니

무릎통증이

아파트 모퉁이 벤치

유영숙

내려가다 앉아 쉬고
올라오며 또 앉아 놀던
울 엄마 벤치
지날 때마다 가슴 가득 눈물을 앉힌다
오늘은 퇴근하며 살포시 기대어 앉아본다
가만히 손 뻗어 살랑살랑 손 흔들면
손바닥 가득 엄마의 온기 만져진다
가만히 내 손 잡아주며
아프지 말고 씩씩하게 살라 한다
흔적 없지만 느껴지는 울 엄마 손
여전히 따뜻하다
아파트 모퉁이 엄마 벤치엔
오늘도 엄마 닮은 다른 엄마가
지팡이 내려놓고 앉아 쉰다
모퉁이 엄마 벤치 외롭지 않아 다행이다

세월이 참 야속합니다

어머니, 당신은 큰 산이었습니다
우리 앞에 늘 우뚝 서 있었습니다
그늘도 되어주고 바람도 막아주고
따스한 햇빛도 나눠주며
긴 세월
세상 속에서 내 꿈을 펼치게 지켜주었습니다

어느 날
당신은 산이 아니라 허허벌판이 되었습니다
더 이상 그늘을 만들어 주지도
바람을 막아주지도 못합니다
당신을 지킬 힘조차 없어
작은 바위에 몸을 숨깁니다

세월이 참 야속합니다
당신은 당신이 누구인지 모릅니다.
혼자서 할 수 있는 일이 별로 없습니다

이제 고작 여든여섯
백 살이 되려면 아직 멀었는데

우리 곁에 있는 것만으로도 좋은데
어느 날 작별 인사도 못 하고
갑자기 떠날까 봐 겁이 납니다

아무것도 할 수 없어도
우리 곁을 떠나지만 말아주세요
오래오래 우리 곁에 남아
마주 보는 것만으로도 행복할 수 있도록
산처럼 그 자리에 계셔 주세요

유호근
俞浩根

youb88857@naver.com

· 시인, 영월 출생, 충남대 법학과졸업
· 2021년 〈시학과시〉 시 등단, 세계예술문학 신인상
· 동강문학회, 한국문인협회, 세계문학예술 등 회원
· 한용운문학 편집위원
· 한국도로공사서비스(주) 재직중
· 수상: 2023년 한국문학상 최우수상(샘문)
· 저서: (시집) 『나는 돌 너는 별』 『고향의 강』

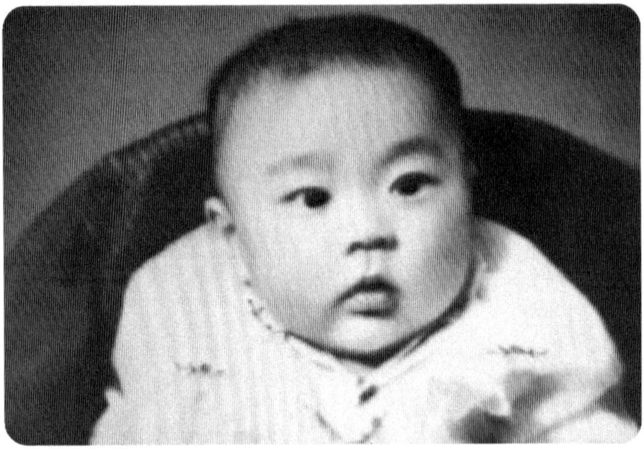

어머니 가시던 날

유호근

성긴 눈발은 미처 쌓이지 못하고
바람의 그림자를 쫓아 굴러다니다
발인제 올리는 제상에 내려
맑은 눈물로 흐른다

벌써부터 시동 건 영구차 꽁무니에
하얀 연기 매캐한 기름 냄새
밭은기침 소리로 굴럭굴럭 앞장서고
눈발을 삼키던 바람이
넋 놓고 서 있다가
웃고 있는 영정 사진을
자꾸만 밀어 올린다

이리 구불 저리 구불 소나기재* 올라
벗은 나무들 삐쩍 마른 가지마다
서럽게 울어대지만
홑겹 눈포단 덮은 아버지는
아직 걸음을 배우지 못했다

미리 준비된 할머니 옆자리에
흙 한 삽 뿌리기도 전에
희뿌연 눈물이 항아리를 덮고
나는
어머니를 가슴에다 덮었다.
(2014 甲午年 正月 十九日 卒)

*소나기재 : 강원도 영월군 영월읍 장릉과 북면 문곡리 사이고개.

고향집 안방에 핀 눈물꽃

고향 집주인 떠난 빈집 안방에서
전등 대신 촛불을 켜본다

작은 흔들림에 방이 기우뚱거리고
늙은 자개장에 어리는 불빛이
넘어지듯 내 앞에 드러눕는다

한참을 일렁이던 촛불이
자리를 잡고 주위를 잠재우니
불빛 안에 조그만 공간이 생겨난다

숨을 죽이고 손도 내밀지 않고
그저 바라보는 따스한 그곳에서
촛불보다 살갑던 어머님을 만났다

입으로 말하지 못한
먼 사랑을 가까이 끌어댕겨
한없이 퍼주어 비어버린 눈물의 가슴

흐르며 흘리면서 타오르는
사랑의 눈물꽃을 보았다

전병하
田炳夏

jbh11910@kakao.com

· 2025 한반도문학 등단
· 충남대 경영대학원졸업(석사)
· 농협정년퇴직
· 의료보험연합회 수기공모전 입상

어머니의 겨울 동화童話

전병하

어릴 적 기나긴 겨울밤은
언제나 마음 그리워
두메산골 내 故鄕 눈에 선하네

뒤뜰 장독대 파묻히도록
소복이 눈 내리는 겨울밤
부엉이 춥다고 슬피 우닐 때

火爐불에 옹기종기 모여 앉아
어머님이 들려주시던 옛이야기
너무 무서워,
서로 어깨를 감싸 안네

스멀스멀 피어오르는 방안 연기에
화들짝 놀라서 보니
火爐불 군밤은 꺼낼 줄 몰라
타들어가 시꺼먼 재만 남기네

아아, 끝이 없는 겨울 童話에
잠 못 이루는 밤이여!

재밌고 흥미진진한 겨울 童話에
내리던 눈과 함께
긴 겨울밤은 아쉬움을 남기고
점점 火爐불과 함께 사라져만 가고

시나브로
찬란한 黎明은 어둠을 물리치고
약속이나 한 듯
밝은 아침햇살을 꾸역꾸역 토해낸다

어머니의 다듬잇돌

어머니가 남기고 가신
단짝 친구인 너는
베란다 창틀 너머에
단잠에 빠져있다

주위에 가지런히 놓인
이웃 꽃들과 잘 어울려
歲月의 흐름에 無聊함을 달래고
굳은 節槪로,견디며 사는가 보다

그 옛날 故鄕 시골집 가을 저녁
뒤뜰의 梧桐나무 잎은
소산이 불어오는 가을바람에 힘에 겨워
파르르 떨고 있는 고비에,

아버지 明紬 바지저고리 고이 접어
너의 볼 위에 평퍼짐이 올려놓고
어머니가 들려주시던
구슬프고, 凄涼한 너의 울림소리,
아직도 귓전에 스쳐오는데

넌, 지난 歲月에 두들겨 짓이겨져
怨望을 하고 있는 것인지.
어머니의 苦惱와 시름을 풀어드려
幸福에 휩싸인 것인지.

오롯이, 기다랗게 드러누워
긴 잠에서 헤어나지 못한다

서운근
徐雲根

· 2009년 미션21 신춘문예 등단
· 2021년 〈한반도문학〉 시부문 신인상 수상
· 한반도문인협회 회원
· 시집: 『상록수 기억이 말해주다』 2022년 1월 출간
『바람의 노래가 되리』 2022년 6월 출간

LAYER

母情

서운근

1.
어머니 그대는
세상의 모든 꽃들 다하여도
가히 대신 할 수 없는
가슴 속에 피는 꽃이옵니다
일생을 다하여 한번 피는 꽃
영원히 시들지 않는 정이옵니다
그토록 그 향기 그 고움
어머니 당신이옵니다

어머니 그대는
세상의 모든 소리 다하여도
가히 대신 할 수 없는
가슴 깊은 울림의 소리이옵니다.
울려 퍼지고 울려 퍼져도 멈춤이 없는
그 변치 않는 파장의 따뜻한 울림
모진 세월 휘돌아 그 깊어짐
어머니 당신이옵니다

어머니 그대는
주고 또 주어도 마땅하다는 그 올곧음
가히 그 무엇으로도 대신 할 수 없음이옵니다
끝내 일평생 잘되고 건강하고 행복하여야 한다며
모순인 듯, 모순이 아닌 당신이옵니다
그 사랑이고 그 눈물이고 그 가슴이옵니다
평생의 기다림, 그리움
어머니 당신이옵니다

2.
그렇게 보살펴짐이 일평생입니다.
어디가나, 그 어디서나 눈길 망각하지 않고
세상 가시밭길 여로에 안녕을 바라는 그 사랑
세월이 철들만큼 흐르고 흘렀어도 일평생 가슴앓이 그 사랑
아이의 문밖을 떨쳐버리지 못한 그 절절한 그 사랑
어떻게 다 헤아릴 수 있겠습니까?
그것은 이 땅에 하늘이 허락한 숭고함입니다.
부르고 불러도 식지 않는 그 온기의 따뜻한 행복입니다.

그토록 바보 같은 그 합당한 그 사랑
그토록 경이롭고도 경이로운 그 사랑
이 땅에 모든 어머니의 가슴앓이 사랑입니다.
다 내주고 내주어도 그저 부족하다고
그 어디쯤, 그 어디를 어거하여도
그저, 그저 눈시울 붉힘의 그 사랑입니다.
그 어느 누가 그 사랑 아니라할 수 있습니까?
세상 어디서든 뒤돌아보면 어김없는 그 사랑
가슴 속에 떼어낼 수 없는 필연적인 그 사랑
그 못 다한 사랑 어느 이별이었고
그 아쉬운 사랑 어느 멀어졌음이었어도
아직 부르짖어 두터운 그 사랑,
이 땅에 남겨진 이로 거둬들일 그 사랑
진정한 가슴앓이 그 사랑,
모든 어머니의 그 지극함입니다.
그야말로 바보 같은 사랑입니다.
모든 자식들 가슴속에 메아리입니다.
정녕 울려 퍼짐의 사랑입니다.

찔레꽃 그 사랑

그 어떤 척박한 환경에서도 꺾이지 않는 그 사랑
진토 속에 발아하여 건네는 그 사랑
그 사랑은 돈독함을 비워내지 않습니다.
남모르게 꽉꽉 채워둔 그 부요한 사랑
세월가도 허물어지지 않는 단단한 초석의 그 사랑
세상의 어머니 그 사랑
뜨거운 눈시울입니다.

그리하여 고향의 찔레꽃 읽히는 그 사랑
가시 성성한 삶 속에 숭고한 꽃을 피워
정이고, 위안이고, 행복인 그 사랑
못난 철부지 다독거리고
세상 어디 가더라도 거짓 없는 진실이어야 한다고
고매한 입씨름의 그 사랑
어느 세월 한결같습니다.

언제고 탓을 뒤덮고
오히려 아픈 사처를 부엽토로 일삼고
자식으로 자식답게 드러나기를 바라는 그 사랑
찔레꽃 어귀 손발이 굳은살배기도록

절절한 몸부림 속에 풀어내는 그 사랑
세상 어머니의 그 사랑
가슴속에 울림입니다.

언제고 고향 그루터기 지키는 그 사랑
세상 먼 길 휘돌아 어느 하늘 아래 깃든다하여도
귀소본능歸巢本能의 정을 간직하게 하는 묘수
천하에 모름지기 굴곡진 터에서
대를 이어 꾸려낼 그 사랑
가히 찔레꽃 그 사랑
어머니의 사랑입니다.

한천민
韓千玟

· 시인, 동화작가, 제주도 서귀포시 출생
· 제주교육대졸업
· 1991년 〈아동문예〉 동화당선 등단
· 2020년 〈한반도문학〉 시 신인상 등단, 전) 초등학교 교장
· 한반도문학 대상 수상
· 한국문인협회, 한국아동문예작가회, 제주아동문학협회, 한국펜 제주지역위원회, 제주크리스천문학회, 한반도문인협회 등 회원
· 동화집: 『놀부 동생 놀쇠』 외 4권
· 시　집: 『형제섬 쑥부쟁이』
· 수상: 대한아동문학상, 한국동화문학상, 서귀포문학상

어머님 전상서

- 세 번째 드리는 글

한천민

바다에 찌들은 거칠은 손일망정
따스함은 어느 뉘라 따를 수 없습니다
태왁 짚고 두웅실 물 위에 떠 있다
언듯 자맥질하여 소라를 따곤
호오이---
한 소리 긴 휘파람 불면
어머님의 생활이 바다에 담깁니다
식이 어머니 것보다 망사리가 커 보이면
식이 앞에 작은 가슴 내밀었습니다
어머님의 손등 같은 전복을 빗창으로 뚝 떼어 주시면
바다가 온통 가슴으로 밀려왔습니다

어머님,
바다가 부르기에
태왁 메고 어서 오라 부르기에
해녀가 되셨습니까?
하늘 바다 접한 땅 이어도를 찾으려
해녀가 되셨습니까
이어도를 못 찾아 새겨진 주름이
세월의 마디에

또 하나 늘어납니다
어머님,
우리 일곱 남매 모은 정성이
어머님의 이어도가 아닐는지요

중국 작가

치타오
冀涛

왕웨이웨이
王炜炜

윤금단
尹金丹

김상봉
金相峰

쩜쯔루이
曾梓芮

치 타 오
(冀 涛)

· 중국 수필가
· 1966년생, 내몽골 출신, 톈진 금융작가협회회원
· 베이징교통대학, 베이징공상대학 교외지도교수

치타오와 어머니

어머니에게

치타오(冀涛. 중국작가)

1. 우리 어머니

1943년 3월, 우리 어머니는 작은산골에서 태어났습니다. 이집은 아이가 많아서 태어난 지 이틀째 되던 날 오전에 산파를 맞이해 당시 자녀가 없던 외할아버지 댁으로 보내져 집안의 맏이가 되었습니다. 어머니가 외할아버지 댁으로 데려온 후, 외할아버지는 차례로 세 자녀를 낳았습니다.

어머니는 9살에야 학교에 다니셨고, 13살에 어머니를 여의었습니다. 세 명의 남동생과 여동생을 돌봐야 했기 때문에, 18살에야 간헐적으로 중학교 학업을 마쳤습니다. 그 당시 고등학교에서 학생을 모집하지 않아 중학교 입시 학생들은 모두 고향으로 돌아가 농업 최전선에 참여했습니다.

어머니는 많은 아쉬움을 안고 어쩔 수 없이 사랑하는 학당을 떠나 다시 익숙한 작은 산골 마을로 돌아갔습니다. 21세에 아버지와 결혼한 후, 어머니는 오빠, 나와 남동생, 여동생 네 자녀를 차례로 낳았습니다. 어머니가 서른여섯 살이 되시던 해 할아버지와 아버지가 차례로 세상을 떠나시면서 우리 남매를 끌어안아야 할 막중한 임무가 그녀 한 사람의 어깨에 떨어졌습니다.

아버지는 어머니와 결혼하기 전에 한번 결혼을 하셨는데 결국 이혼으로 끝나시고, 나의 큰형이라는 남자아이를 남겼습니다. 사람들은 계모를 감당하기 어렵다고 하지만, 우리 어머니는 큰오빠를 자기 것으로 여기고 냉대하거나 꾸짖지 않으셨습니다. 아버지가 돌아가신 그해에는 이미 가가호호 출산을 시행했고, 집에는 어머니와 큰형을 제외한 네 명의 자매가 모두 학교에 다니고 있었습니다.

다른 사람들이 집집마다 책임지고 기뻐할 때, 우리 집은 노동력 부족으로 인해 울상을 짓고 있습니다. 집에서 분배받은 수십 묘의 땅을 운영하는 것은 매우 어려워서 여기저기서 긁어모으며 하루하루를 보내고 있습니다.

3년 후, 살아남기 위해 어머니는 우리 네 자매와 함께 재가하셨습니다. 의붓아버지는 2녀1남을 두었고, 새로 구성된 가족은 모두 9명입니다. 두 가정에서 온 자녀들은 혈연관계가 없고 대부분 학교에 다니고 있습니다. 이러한 가정을 유지하기 위해서는 큰 이해, 포용, 헌신이 없으면 어떻게 그렇게 할 수 있겠습니까?

어머니는 연약하시지만 강하시고, 어머니는 미약하시지만 위대하십니다. 그녀는 무엇이 가장 중요한지, 포기할 수 없는 것이 무엇인지 알고 있습니다. 그녀는 자신을 희생하고 자녀를 이루었습니다. 수많은 어머니들처럼, 우리 어머니도 그녀만의 방식으로 자신의 자녀들을 사랑하고 있습니다. 아무리 어렵고 힘들어도 자녀들에게 공부를 시키고, 아무리 마음이 아프더라도 자녀들이 열심히 공부하도록 강요하는 것이 바로 어머니의 철학입니다. 그런 시절이 아니었다면 어머니가 대학의 전당에 들어섰을 겁니다. 그녀는 자주 말합니다:

'성인은 자유롭지 않고, 본래 성인이 아니다. 성실히 사람이 되어 성실하게 공부해라, 책에는 천종속이 있고, 황금집이 있다"

어머니의 헌신 덕분에 우리 남매 네 명은 차례로 대학에 입학했습니다. 황당하게도 초등학교 시절, 장난이 심하고 무지했던 저는 중도에 학교를 그만둔 아이들이 특히 부러웠습니다. 더 이상 힘들게 공부할 필요가 없고, 하루종일 부모님 곁에서 자유롭게 지내며 가끔 할 수 있는 농사일을 했습니다. 저는 어머니의 당시 끈기와 노력이 없었다면, 그녀의 자녀들은 아마도 완전히 다른 운명이었을 것이라고 생각합니다.

1981년 중학교 입학시험 후, 저는 어릴 때부터 자라온 농촌을 떠나 군청 평전 제1중학교에 다니게 되었고, 그때부터 어머니와 덜 모이고 더 많은 시간을 보내기 시작했습니다. 고등학교에 다닐 때는 겨울과 여름방학을 반드시 마을로 돌아가 보내야 했고, 그 외의 추석에도 우연히 휴가를 내고 고향에 돌아가 어머니와 재회할 수 있었습니다. 베이징에서 대학을 다닐 때도 대개 이런 상태였습니다.

그때 우리 가족은 이미 농촌에서 평전현으로 이사했지만, 나에게 집으로 돌아가는 길은 오히려 더 어렵고 멀게 되었습니다. 직장에 들어간 후, 집에 가는 시간은 정해져 있지 않지만, 저는 어머니와 만날 수 있는 다양한 기회를 찾았습니다. 출장 중, 휴가 중 친척을 방문할 때, 일이 한가할 때...

2. 어머니의 희생

결혼 후, 특히 딸이 생긴 후에는 일과 공부를 병행해야 하고, 다양한 생활 잡일에 대처해야 하기 때문에 집에 돌아갈 기회가 더 적어졌습니다. 고등학교에 다닐 때, 마을에서 학교로 돌아오는 것은 매우 힘든 일이었습니다. 하루에 아침 한 대의 셔틀버스만 있었고, 때로는 전혀 탈 수 없었으며, 때로는 어떤 이유로 셔틀버스가 취소되기도 했습니다.

어느 날, 추석이 끝나고 마침 큰 트럭 한 대가 도시로 가서 물건을 배달하려던 것이 기억납니다. 어머니와 몇몇 급우들의 부모님이 어떻게든 말해서, 운전기사는 마침내 우리와 함께 도시로 가는 것을 허락했습니다. 트럭이 천천히 출발합니다. 차 지붕에 앉아있는 제가 고개를 들자, 어머니가 아직 마을 입구에 서있는 것을 발견했습니다.

차의 방향을 뚫어지게 주시하고 있었습니다. 멀리서 돌아보니 어머니의 모습이 점점 작아지고 작아지고, 차바퀴가 빻은 먼지가 제 얼굴에 떨어져 눈물과 함께 뺨에 마구 흘러내렸습니다.

어느 해 봄에는 우리 세 식구가 평진으로 친척을 방문하러 돌아갔습니다. 그 당시 어머니는 일흔이 넘으시고, 몸은 아직 정정하시며, 정신도 좋으시고, 생활도 충분히 자립하실 수 있었습니다. 저희가 집에 도착해서 어머님 돈가스조림, 양고기조림, 리조또, 당면숙주, 누룽지떡, 튀김전, 왕만두...

며칠 동안 다 먹을 수 없을 정도로 많이 진열되어 있는데, 떠날 때 우리에게 꼭 '포장'하라고 했습니다. 집의 공간이 제한되어 있기 때문에, 우리 세 가족이 함께 돌아가면 단지에서 그리 멀지 않은 호텔에 머무르기로 선택했습니다. 베이징으로 가는 길이 막힐까 봐, 그날 밤 어머니와 약속하고 우리는 다음 날 아침 일찍 호텔에서 바로 출발하여 다시는 집에 돌아가지 않기로 했습니다.

그날 아침, 하늘이 막 밝아오고 도시는 조용했습니다. 아내와 딸은 아직 잠 들어 있었고, 저는 살금살금 일어나 짐을 꾸렸습니다. 방 안에는 옷을 매만지는 미세한 소리만 들렸습니다. 짐을 꾸린 후, 나는 창문 앞으로 가서 커튼을 열었습니다. 초봄의 매서운 찬바람 속에서 어머니가 호텔 옆 도로턱에 홀로 서 있는 것을 보았습니다.

그녀는 몇 년 동안 입었는지 알 수 없는 검은 바탕에

빨간 꽃무늬 솜옷을 입고, 머리에는 회색 솜털 모자를 쓴 채 호텔 위를 올려다보고 있습니다. 그녀는 나를 볼 수 없었지만, 나는 그녀를 매우 명확하게 볼 수 있었고 그녀의 불안과 아쉬움을 느낄 수 있었습니다. 창가에 서 있던 나는 가슴이 철렁 내려앉고, 코가 시큰거리고, 눈물이 핑 돌았습니다.

3년이 넘는 팬데믹 봉쇄 후, 80세가 넘은 어머니가 실수로 넘어져 척추뼈가 부러졌고, 수술 후 침대에 세 달 넘게 누워 있었습니다. 그때부터 그녀의 할아버지는 몸과 정신 상태가 예전 같지 않아 행동이 느리고 반응이 느렸으며, 때때로 한숨을 쉬기도 했습니다. 대부분의 시간 동안 침대에 누워 거의 계단을 내려가지 않았습니다.

어머니의 수술은 형과 동생이 주선해 주셨는데, 저는 당시 주체교육 때문에 시간을 낼 수 없어서 수술할 때 그녀와 함께하지 못했습니다. 일이 끝난 후, 저는 마침내 시간을 내어 아내와 딸을 데리고 차를 몰고 고향으로 돌아가 그녀를 방문했습니다. 우리는 고향에서 이틀을 머물렀고, 셋째 날에는 아침을 먹고 베이징으로 돌아갈 것입니다. 어머니가 거동이 불편하시고 날씨도 추워서, 저와 아내는 그녀가 우리를 배웅하러 내려가지 못하게 했습니다. 동생이 끓인 양고기, 만두, 찐 귀리면 등 크고 작은 포장을 차에 실은 후, 나는 창문을 열고 모두에게 작별 인사를 했습니다.

무심코 고개를 들어 2층 창문 앞에 서 있는 어머니를

보았고, 그녀는 아쉬운 눈빛으로 우리를 바라보고 있었습니다. 내 가슴은 가쁘게 씰룩거리고, 숨을 깊이 들이마시며, 금방이라도 쏟아질 듯한 눈물을 삼키며 바라보셨습니다.

바라보면, 바라보면, 평생 바라보면서 자신의 머리는 하얗게 되고, 허리를 굽혀 바라보면 세상이 점점 희박해 보입니다. 그렇게 하루하루를 바라보면, 해가 갈수록 걸음도 느려지고, 대화도 뒤죽박죽입니다. 바라보던 두 눈도 더 이상 빛나지 않습니다. 어머니의 망상은 나의 마음속을 아프게 합니다. 그러나 반대로 양심의 가책을 느끼게 하고, 진실한 마음과 선량함을 다시 가르칩니다. 남들에게 부끄럽지 않게 살라고 하며, 나의 시간을 헛되이 보내지 않도록 가르쳐 주시었습니다.

- 어머니! 작고 연약하고 늙었지만 우리 어머니는 강인하며 위대한 어머니입니다.

왕웨이웨이
(王炜炜)

· 왕웨이웨이는 푸젠성 밍시에서 태어났으며 본적은 산동 하이양,

· 금융작가협회 제1회 '덕예쌍신회원', 2020년 중국금융예술선구자 인물선정

· 중국작가협회회원, 중국작가협회 제10차대표, 루쉰문학원 제22기 중청년작가 수료, 중국금융작가협회 제1,2기 이사, 부비서장, 푸젠성 작가협회위원, 취안저우시 작가협회부회장.

· 장편소설《예쁜 부등식》,《흑백 나비》,《피어나다》등

(* 총200만자 이상의 작품이 출판되었음)

왕웨이웨이와 어머니

너는 내 일생의 향수이다

왕웨이웨이(王炜炜)

저는 수백만 단어의 글을 썼습니다.
하지만, 여러분을 붓끝에서 떨어뜨리는 일은 거의 없습니다.
제 무자비함과 냉담함이 아닙니다.
왜냐면 당신은
내 마음 깊은 곳의 가장 부드러운 한 구석
건드리다
눈물이 나고 피가 흘러넘칠 것이다
명계, 나의 두 번째 고향
넌 내 부모님이 평생을 바친 곳이야
너는 내가 태어나고 자란 땅이다
그대는 나의 몸과 영혼을 자양분으로 키웠다
나의 모든 것은 당신이 사심 없이 주신 선물입니다
명계는 신기하고 다채로운 왕국이다
노을을 걸치고 새시기의 시대에서 흔들리다
이곳은 시내는 밝고 산은 푸르며, 땅은 걸걸하고 사람은 영민하다
용호의 물은 대대로 재주를 낳았다.
정문입설은 한 선비의 이름을 역사책에 남겼다.
이곳에는 바람과 붉은 깃발이 펼쳐져 있고, 덕이 천지

에 어울린다

동령과 철령에는 전쟁 속의 영웅의 사적이 새겨져 있다.

낙수암동굴은 혁명가의 사생망사를 기록하고 있다.

이곳은 하루가 다르게 변하여 옛 모습이 새 모습으로 바뀌고 있다

우이 산맥에서 세계로 뻗어나간 소년들

고향에게 '해서내륙신교포향'이라는 명함을 만들어 주었다.

오늘 밤 나는 너의 품에서 단잠을 잔다

나는 눈 같은 꽃나무를 꿈꿨다

핏방울 같은 주목도 있고

가을 가방 속의 향수가 더해지고, 육포 말린 진한 향기가 더해진다

언젠가 나는 늙어갈 것이다

어쩌면 다시 당신의 품으로 돌아갈 수 없을지도 모릅니다.

그대는 언제나 내 마음속에 있다

온전함, 따뜻함, 밝음

봄처럼 견고하고 왕성하다.

오늘 우리는 옛 친구를 다시 만났다

석양으로 뒤덮인 황혼,

구름과 노을이 하늘을 오색찬란하게 빛냈다.

오늘, 우리는 다시 고향과 만났다.

서로가 서로를 알아보는 순간,
평온했던 마음바다가 순식간에 파도치고,
마치 우리가 처음 만난 것과 같다.
시간이 흐르면서 희끗희끗해진 네 귀밑머리를 보면서,
너는 세월로 조각된 나의 주름을 바라보고 있다.
눈에는 감격의 눈물이 흘렀고,
또 서로 돌보아 말이 없다
너는 청춘이 환창할 때의 그 지난 일들을 기억하니?
너는 수업시간에 얼굴이 붉어진 논쟁을 기억하니?
너는 낙수암에서 취사할 때 웃고 떠들던 말을 기억하니?
너는 운동장에서 누구의 자태가 너를 감동시켰는지 기억할 것이다.
그리고 당신의 첫번째 연애편지는 누구에게 보냈나요?
여러분은 갑자기 마음속으로 웃을 것이고,
그 미소가 너의 젊은 시절 모습을 떠올리게 했다.
저도 웃었죠.
세월은 물처럼 흐르고,
학우의 정이 여전히 우리들의 마음속에서 반짝이고 있다.
해가 떠오를 때마다,
여러분과 함께 세상의 고요함을,
하늘이 높고 구름이 옅은 풍경을 함께 감상하다.
석양이 질 때마다,
여러분과 함께,
함께 잊을 수 없는 소년시절을 곱씹어본다.

모든 산천을 돌아다니면서,

세상의 모든 모습을 보고,

오직 학우의 정이 가장 순수하고 깨끗하다!

오늘, 우리는 다시 고향과 만났다.

마음은 아직 늙지 않았고, 정은 아직 남아 있고,

여러분, 마음껏 노래합시다,

한 곡만 더 부르면 우정은 오래가고...

유영춘습지공원

승일흔이 습지의 동쪽을 헤엄치니, 뜬구름이 아득히 떠올라 맑은 하늘에 닿았다.

가벼운 연기는 푸른 대나무를 가득 짜고, 영연은 따뜻한 바람을 반긴다.

꽃은 화사한 나비 냄새를 맡는 것 같고, 풀은 수줍은 듯 취앵을 보는 것 같다.

봄빛은 예로부터 언제나 무한하여 선인의 그림에 취한다.

가장 중요한 것은 학우의 정을 잊을 수 없다.

금계에서 향기가 나니 가을의 정취가 짙어졌고, 동문들은 승일희에 서로 껴안았다.

세월은 허송세월이 있고, 사업은 찬란하게 빛난다.

옛날에는 시처럼 푸른 옥이 흘렀는데, 오늘은 그림이 황총마를 다루는 것 같다.

청춘은 길을 막론하고 어디를 찾을 수 없으나, 여전히 초심불타는듯 붉다.

소아과 의사 우리 어머니

소아과 진료실에서 어머니의 그림자는 밤낮을 가리지 않고 바쁘게 움직이고 있습니다. 소독제 냄새 물씬 나는 병실은 그녀의 전쟁터, 우는 아이마다 모두 그녀의 걱정거리입니다. 청진기는 작은 가슴에 붙어있습니다. 아이들의 심장 박동을 들으며 당신의 눈빛은 부드러움과 의연함으로 가득 차 있습니다. 공포를 달래고 불안을 떨쳐냅니다.

병상의 아이가 아파서 울고 보채고 있습니다. 당신의 미소는 미풍처럼 얼굴을 스칩니다. 속삭이고 부드러운 모습, 봄날처럼 따스한 햇살 가장 단단한 힘, 한밤중의 응급실, 불빛이 환히 비춘다. 병세는 명령입니다, 당신은 여태껏 방황하지 않으셨습니다.

심오한 의술, 과감한 담당시간과의 싸움 병마 막아내기, 당신의 두 손이 아이의 상처를 어루만져 줍니다. 당신의 보살핌은 가장의 마음을 따뜻하게 합니다. 당신은 사랑을, 일상 속에 담았습니다. 미래를 위하여, 떠오르는 태양을 지켜라.

아이들이 다시 웃을 때 가장 뿌듯한 순간이었습니다. 당신은 사랑으로 건강하고 행복한 그물을 엮고 있습니다. 아이들나라에 희망을 주는 빛, 어머님 천사의 화신입니다.

소아과 천지에서 묵묵히 일하며 사심 없는 노력으로 의사의 인심을 해석하고 있습니다. 세월은 당신의 위대한 사명을 증명했습니다.

아침 햇살 속에서 책을 읽는 어머니

아침 햇살이 막 피어나기 시작한 시간, 85세의 어머니는 창가에 단정히 앉아 계셨습니다. 책이 그녀의 무릎 위에 놓여 있습니다. 아주 고요하고 아름다운 영상입니다. 책장이 손끝에서 뒤집힙니다. 그녀의 눈빛은 집중하고 그윽합니다. 지혜로운 자와 터놓고 이야기하듯 또 지난날의 꿈을 다 비춰주듯 백발이 아침 햇살에 반짝이고 있습니다.

그것은 독서가 주는 영광의 면류관 그녀의 몸은 더 이상 우람하고 건장하지 않습니다. 영혼은 오히려 책의 자양분 속에서 가볍게 날고 있습니다. 새로운 아침마다

읽기는 어머니와 세계의 가장 애틋한 관계입니다. 그녀는 책 속의 세계를 거닐고 있습니다. 나는 그녀의 평온에 도취되어 있습니다

창밖에 새들이 지저귀고 봄바람이 살랑살랑 집안의 찻물은 맑고 먹향기는 유유히

어머니는 웃음이 평온하고 생기가 넘치십니다. 사랑은 생명을 끝없이 연장시켜 줍니다.

대추 용안 수란

아침 햇살이 아직 어둠을 완전히 밀어내지 못함, 주방의 등불은 먼저 한쪽의 보금자리를 밝혀야 합니다. 어머니의 그림자가 불꽃 속을 누비고 다니다가 붉은 대추 용안 수란은 그녀가 애지중지하는 수작입니다. 붉은 대추가 알알이 여물었습니다. 세월이 흐른 적금처럼 용안은 알알이 반들반들 윤택합니다.

세월을 감싼 감미로운 맛, 냄비에서 마주칠 때 김이 모락모락 피어오르고, 향기가 퍼지기 시작함, 달걀이 살랑살랑 떨어집니다. 물속에서 서서히 피어나는 마치 누르스름한 꽃과 같습니다. 삶의 향기를 물들이며 그리고 꼬르륵 소리에 사랑의 탈바꿈을 완성하는 것,

김이 모락모락 나는 대추 용안 수란, 눈앞에 다가온 순간 어린 시절의 나는 마음 가득히 좋아했습니다. 꿀꺽꿀꺽 졸음을 쫓는 달콤한 맛, 위도 따뜻해지고 마음도 따뜻해지고, 아직도 그 맛이 혀끝에 맴돌아 한 곡의 애틋한 악장처럼 얼마나 멀리 가더라도 사랑의 부엌을 못 나가겠어요

윤금단
尹金丹

· 화가, 소설가, 번역가, 중국작가협회회원, 중국금융작협이사
· 중국소수민족학회회원, 천진금융작협회장
· 저서: 산문집 『나+단소+오작+고양이머리매』 『날개』
『자유를 위하여』(상해문회편) 등

윤금단과 어머니

윤금단 가족들

윤금단 손자

윤금단 그림

우리 어머니

윤금단 尹金丹

지금은 평소 길을 건너는 것조차 예전 같지 않습니다. 제가 더 이상 당신을 부축할 수 있습니다. 엄마! 이번에는 휠체어를 탈 필요가 없습니다. 당신의 다리와 팔을 시험해 보세요. 당신은 우리를 위해 피골이 상접하도록 심혈을 기울이었지요. 근육을 날개 같이 자유롭지 쓰지 못하는 갑작스러움 당혹감!

엄마, 천국으로 가는 트랙 앞에 섰어요. 돌아설 수 없는 길이었어요. 이제부터 우리 엄마를 육안으로 다시는 볼 수 없는 신으로 변신했어요! 이전과 같이 하늘을 찌를 듯한 날개로 날 수 없는 천사가 되었습니다. 진짜 금빛 태양은 영원히 빛날 수 있는 것인가요! 하나님, 당신은 반드시 신의 힘으로 우리를 인도하고 보호하실 것인가요. 당신은 항상 천지가 넓다고 용기를 항상 붙여 주었습니다.

엄마! 나는 평생 겁이 많았지만 용기 있게 나아갔으며 겸손하면서도 양보하지 않았습니다. 무거운 짐을 짊어지고도 늘 낙천적이고 활달하였으며 선을 지향하시던 엄마이었습니다. 다섯 아이를 품에 안고 성장시켜준 엄마! 이제는 절대 뒤를 돌아보지 말고, 걱정하지 말고, 평생 당신의 심혈을 소모했던 어려움을 잊어주세요.

엄마, 당신은 정말 위대한 천사입니다. 세상 먼지 다 털고 이제 자유롭게 높이 날갯짓을 하며 노은 하늘로 올라가 주세요. 우리 모두들 얼굴 가득한 눈물이 흘러내리네요.

엄마, 음양으로 갈라진 우주의 긴 터널을 이제 혼자 지나야 합니다. 우리 아이들은 당신과 함께할 지낼 수 없습니다. 절대 두려워하지 마세요, 늙은 망상으로 어머니를 꿈꿨습니다, 어머니가 내민 손을 꼭 잡고 펼쳐진 품을 꼭 껴안고 싶습니다. 당신은 큰 포옹을 늘 해주었습니다. 산과 물과 수십 년의 세월과 그리움을 캔버스에 그려봅니다. 보고 싶다고 큰소리로 외쳐봅니다.

엄마로서의 사명을 다했다고 자랑스럽게 말할 수 있습니다. 밝은 세상으로 가는 긴 터널에는 요괴도 만날 수도 있으나 더 많은 천사와 신선도 곁에 있을 것입니다, 그 광명의 빛으로 아빠, 남동생 그리고 가족들은 늘 기다리고 있습니다, 당신은 외롭지 않을 것입니다, 착하고 순한 우리 엄마, 당신의 종착점에 무사히 도착하기를 기언합니다.

새로운 삶을 시작하고, 병 없이 살기 바랄 뿐입니다. 약속해요, 다음 생에도 우리 모녀는 다시 같이 태어나기를 바랍니다. 우리는 거꾸로 갑니다. 당신은 나의 소중한 딸입니다. 당신을 총애할 것입니다. 촛불이 되고 먼지가 되어 날라가기 시작하네요. 잘 가시고, 발걸음을 안정적으로 내딛으세요. 더 이상 침대에서 뒤척이다가 떨어질 염려가 없습니다.

당신은 휠체어에서 벗어났고, 약탕관에서 벗어났으며, 세상의 온갖 고난에서 벗어났습니다. 천국이 답답하면 인간세상을 내려다 보세요, 우리 집의 등불이 항상 당신에게 불을 밝혀줄 것입니다. 엄마 잘가세요! 그러나, 앞으로 우리는 어떻게 해야 합니까? 배가 고프면 따뜻한 음식으로 우리를 기다리던 어머니에게 밥을 얻어 먹을 수 있겠습니까. 이럴 줄 알았으면 제가 당신에게 더 많은 이야기를 나누었을 텐데요,

이제 당신을 보고 싶다면 어디로 가서 당신을 찾을 수 있겠습니까. 또 산과 새가 날아갈 듯 말 듯 사라지려나, 항상 말씀하시는 샛별이 되실까요, 꼭 그럴 것입니다, 새벽과 해질녘에 당신의 모습을 볼 수 있을 것입니다. 이제 아침마다 우리의 이마 위에는 당신의 얼굴 모습이 필요합니다.

황혼이 지고 밤이 돌아올 때마다 당신이 우리의 머리 위에서 방향을 밝혀 주어야 합니다. 우리가 고개를 들어 하늘 끝을 올려다 볼 때마다 눈을 깜빡이며 신호 보내는 것을 정녕 잊지 말아 주세요. 우리 집에 귀가하는 길도 절대 잊지 마세요. 엄마가 가는 길에 우리는 노래하고 춤을 출 것입니다. 화창하고 영원히 꽃이 피어날 것입니다.

김상봉
金相峰

· 호 慧峰, 中國黑龍江省延壽縣北開城出生
· 延邊大學 朝鮮語文系函數部畢業
· 延邊作家協會, 黑龍江省朝鮮族作家協會
· 現, 在韓文人協會, 韓半島文人協會等會員

김상봉의 어머니

어머니 목소리

김상봉

해걸음 사립문 잡고
울 엄마 고운 목소리
“저녁 먹자!”

놀로 피어 산 자락 덮었지
물 젖은 어머니 그 긴 푸념
“저녁이나 먹고 다니는지 쯔쯔”

긴 한숨이 뒤를 따랐지
귀를 간지럽히는 살가운 목소리
“저녁 먹고 다니냐?”

사시나무 잎 떨듯한 걱정
먼 곳의 불효자를 울렸요
하늘땅 채우는 메아리여!

별에 눈물이 있다

별에 눈물이 있다
물 머금은 별이 하늘에 있다
伤痕에 돋던 눈물
밤 되어 우는 별
별 하나, 나 하나
눈물의 별을 띄웠다
밤이면 들리는 들려오는

가신 님 울 어매
흰옷가지 바래시는 다듬이소리
구슬피 부르시는 자장가에
하늘이 어매, 땅이 어매,
볼 타고 흐르는 이슬방울...
별에 눈물이 있다
말간 하늘에 있다

쩜쯔루이
曾梓芮

1255187144@qq.com

· 묘족, 산시성 타이위안시 샤오뎬구
· 제6회 독일 GeKA재단 (독일연합전 Kommunale 미술관), 미술전시회 (현대불교예술, 중국 시안미술관, 대불교 미술전) 등
· 서예, 회화, 피아노, 글쓰기 등 천재성
· 장편소설 '미국의 심연' (토마토)

찜쯔루이와 어머니

나무의 뼈 木骨

쩡쯔루이 曾梓芮

나무 속 나무뼈는
큰 고통으로 새해를 맞이 하네요
야생화가 찬란히 피어나는 봄
잃어버린 언어의 나무조각 하나
떨어져 나간 사람의 날개 나무조각이
잃어버린 고목나무 틈새에 끼어있어요
과거 언어들이 수수께끼 벽을 타고
오랜 마을과 옛 도시에 표류하고 있어요
옛날에도 남자들은 굵은 두 손으로
여자들을 따뜻하게 껴안아 주었어요
한 낮에는 두 개로 나뉘어
손가락이 크게 두 번 울렸어요
또 뭔가 부딪혀울 거예요
혹은 세월을 선물하는 이유일까요

건너기 渡

진흙의 봄에는
반드시 밝은 바이트를 쓸 거에요
나의 아픈 손가락 관절은
원래 짙은 남색의 큰 나무였어요
황금색 꽃잎을 피우며
밤 빛을 기다리며 긴 강을 이루었지요
우리는 긴긴 생각을 하게 돼요
그러나 결국 다시 만나게 될 거에요

어머니

- 월약유정애장음

쩜쯔루이 曾梓芮

신이 어디에나 있을 수 없다고 해서 엄마를 창조했습니다. 엄마의 나이가 되어도 엄마는 여전히 엄마의 수호신입니다. '엄마'라는 단어는 그냥 불러도 심금을 울립니다. '응답하라 1988'

저녁 바람이 오래된 회화나무의 가장자리를 가로질러 달빛을 청석판 길 위에 부숴 놓았습니다. 나무 그림자는 흔들리지만, 땅 위의 그림자는 길고 짧습니다. 짧은 것은 나의 그림자이고, 긴 것은 그녀의 그림자입니다. 어머니의 큰 손이 나의 작은 손을 꼭 잡았습니다. 기억 저 깊은 곳의 달빛은 항상 약 냄새가 납니다.

어느 늦가을 깊은 밤, 나는 뜨거운 의식 속에서 떠돌고 있었고, 희미한 달빛과 스탠드의 빛이 엄마의 몸에 뒤엉켜 있는 것을 보았습니다. 그녀는 짙은 파란색 니트 카디건을 두르고 있었어요. 약간 떨리고 있는 손가락을 해열패치로 반복적으로 문지르기도 했어요. 도자기 그릇에 담긴 해열제는 달빛에 반짝이는 물결도 일으켰습니다.

아주 쓴 탕약이 그녀의 목구멍으로 흘러들었을 때, 그녀의 손바닥 온도는 달빛보다 더 따뜻하여 질병의 고통스런 어둠을 몰아내고 있었습니다. 창턱 위의 푸른 나무들이 달빛 아래에서 부채처럼 잎을 펼치며, 이 어두운 밤

과의 무언의 싸움을 지켜보고 있었습니다.

자전거 방울이 소년시절의 달빛을 불러내어 흔들고 있습니다. 방과후, 학교 입구의 오동나무가 달빛을 체로 치면서 은빛으로 가득 채웠고, 어머니가 짙은 남색의 얇은 외투를 걸치고 나무 그림자 속에 서 있는 모습을 항상 볼 수 있었습니다. 그녀는 내 책가방을 어깨에 메고 달빛을 밟으며 승용차에 올랐습니다. 나보고 뒷좌석에 오르라고 했습니다.

차 바퀴가 나무 그림자와 달빛이 뒤섞인 작은 골목길을 지나갈 때, 그녀는 가끔씩 고개를 뒤로 돌려 나의 안전을 확인합니다. 그녀의 머리카락 끝에 스치는 달빛이 밤하늘에 부드러운 곡선을 그렸습니다. 바람이 귓전을 스치며 그녀의 애정어린 여운도 남겼습니다. 알고 보니 달빛이 깔린 귀로가 가장 안심할 수 있는 방향이었습니다.

이제 서재의 달빛은 침묵을 배웁니다. 나는 책상에 앉아 급히 글을 쓸 때, 항상 맞은편 방의 등불이 꺼지지 않아 또 다른 보름달처럼 보입니다. 어느 날 한밤중 문이 열려서 일어나보니 어머니가 연회색의 실내복을 입고 내 침대 머리맡에 기대어 잠들어 있는 것을 발견했습니다.

손에는 반쯤 수선된 교복이 들려 있었고, 달빛이 커튼 사이로 새어나와 그녀의 흰 머리 위에 은빛 서리를 하나 새로 입히고 있었습니다. 창턱의 푸른 라일락은 이미 녹색 폭포가 되었고, 달빛은 여전히 그대로입니다. 다만 주름 속에 숨겨진 걱정들은 이미 세월 속에 흐르는 영원한 부드러움으로 변했습니다.

달빛을 맞으며 나무 그림자가 흔들리고, 땅 위의 그림자는 길고 짧습니다. 긴 것은 나의 그림자이고, 짧은 것은 그녀의 그림자입니다. 이때 내 손은 엄마의 손을 꼭 잡고 있었습니다.

일본 작가

석춘화
石春花

호 림
胡 林

최정실
崔貞実

석 춘 화
石 春 花

shichunhua0406@gmail.com

· 일본호세이대학교 대학원(法政大大 院) 석사졸업
· 한반도문학 수필신인상, 재일본조선족작가협회 회원
· 연변작가협회 회원, 동북아신문 기자
· 수상: 김소월문학상, 일본조선족연구학회 공모전 대상
· 일본세계조선족글짓기대회 최우수상, 동포문학우수상 등

엄마의 고백

석춘화

아주 오랜만에 엄마와 단둘이 청도 로산崂山 바닷가로 여행을 갔다. 아직 삼월초라 기온은 쌀쌀했으나 하늘은 기분좋게 개어있었다. 봄이 오는 냄새가 싱그럽게 코끝을 자극했다. 철퍼덕, 철퍼덕 파도 소리는 경쾌한 리듬으로 가슴을 신나게 두드렸다. 나는 땀이 흠뻑 배일정도로 꽉 잡고 있던 엄마 손을 슬며시 내려놓고 시원하게 뻗은 바다를 향해 두 팔을 벌리고 깊은 숨을 들이마셨다. “아, 좋다. 스트레스 확 풀리네.” 몸속 깊은 곳 까지 상쾌하고 활기찬 봄바람이 부드럽게 스며들어 굳어있던 내 감성을 살살 녹여주었다. 왠지 모를 기분좋은 예감이 전신을 휘감았다.

“예전에 너희 아버지가 딱 한 번 청도에 와보고는 그렇게 좋다고 하더니 정말 좋긴 좋구나.” 곁에서 카메라 셔터를 연신 눌러대던 엄마가 나지막이 속삭였다. 애잔한 그리움이 햇살에 반짝이는 파도를 타고 출렁거렸다. 차가운 바람이 스치고 바닷물이 잔잔히 부서지는 소리를 들으며 우리는 말없이 나란히 걸었다. 느린 엄마의 발걸음에 맞춰 평소보다 조금 더 여유롭고 천천히 걸으니 오랜 세월 가슴속에 묵혀두었던 응어리도 한올 한올 풀려 나가는 듯 했다. 세상에서 가장 따뜻하고 부드러운 엄마의 온기를 느끼며 나는 다시 어린 아이가 되는 경험을 했다.

며칠 전에“청도에 갈게.”라는 엄마 문자를 받고 나는 마치 선물을 기다리는 아이처럼 기뻐했다. 밤새 인터넷을 뚜져가며 가볼만한 곳과 맛집을 검색하느라 한바탕 부산을 떨었다. 오랜만에, 기다림이란 게 이토록 사람을 신나게 한다는 걸 알았다. 그 며칠 동안은 아마 최근에 가장 설레고 가슴이 뛰었던 날이었을 것이다.

사실 어린 시절 엄마는 나에게 항상 무섭고 두려운 존재였다. 엄마의 표정은 언제나 엄숙했고 자주 불같이 화를 냈다. 그때마다 나는 가슴이 벌렁벌렁거렸고 엄마의 칼날 같은 목소리가 된장국의 쉬파리처럼 귓가에서 뱅뱅 맴돌았다. “너는 누나가 돼가지고 왜 자꾸만 동생을 괴롭혀?” 아무리 내 잘못이 아니라 변명을 해도 엄마의 눈빛은 차가웠고, 결국‘나는 잘못한게 없는데 왜 나만 혼나는 걸까?’라는 서러움에 그만 울컥했다.

그런데 이상하게도 엄마는 나와 세살 터울인 동생한테는 한번도 언성을 높인적이 없었다. 나는 엄마의 편애라고 생각했다. 맏며느리로 시집와서 가문의 대를 이어야 한다는 막중한 책임감을 느꼈을 엄마는 의외로 임신이 잘 되지 않아 애를 먹었다. 게다가 오랜 기다림 끝에 찾아온 첫아이가 딸이어서 은근히 실망했을 것이다. 우여곡절 끝에 남동생이 태어났을때 엄마는 마음속의 무거운 돌덩이를 내려놓은 기분이었을까? 어쩌면 엄마에 대한 내 불만은 동생이 이 세상에 태어난 날이 시초였는지도 모른다.

엄마가 호통을 치면 나는 벌벌 떨며 눈치만 봤다. 하지만 그 순간에도 엄마의 시선은 늘 동생을 향하고 있었다. 그 눈빛엔 내가 한 번도 느껴본 적 없는 다정함이 스며 있었는데,나는 그저 그 곁을 서성이는 어두운 그림자 같았다. 억울하고 속상했지만 나는 단 한 번도 반항하지 못했다. 그저 엄마에게 더 미움받고 싶지 않아서. 아니, 어떻게든 엄마한테 잘 보이고 싶어서 무조건 순하고 착한 아이가 되기로 했고, 그러면 언젠가는 나도 사랑받을 수 있을 거라고 믿었던 것이다. 그렇게 편애와 무관심 속에서 깊은 소외감을 해소하지 못한 채 나는 어른이 되었다. 시간이 흘러도 그때의 기억은 사라지지 않았고 마음 한 구석에 애정결핍이라는 이름으로 남았다. 그리고 마음 속 깊이 새겨진'나는 절대 엄마처럼 하지 말아야지.'라는 다짐은 때때로 강박처럼 나를 옥죄었다.

내가 일곱 살 무렵이었다. 담장을 뛰어넘다 떨어지는 바람에 팔을 크게 다친 나는 엉엉 울며 집으로 돌아갔다. 끊어질듯 아픈 팔을 움켜잡고 눈물범벅이 되어 돌아온 나를 본 엄마는"또 어디 가서 촐싹대다 그 꼴이 됐냐?"며 매섭게 꾸짖었다. 모진 고통에 온몸이 떨리고 눈물이 멈추지 않을 만큼 아팠지만 엄마의 눈에는 그저 말 안 듣고 사고 친 아이일 뿐이었다. 침대에 누웠다가 제대로 일어나지도 못하자 엄마는 마지못해 나를 병원으로 데리고 갔다. 가는 내내 잔소리는 멈추지 않았고 의사 선생님이"팔뼈가 부러졌네요."라고 말했을 때 조차 엄마는"조심성이 없으니 그렇지."라며 나를 탓했다. 그 순간, 아픔보다도 서러움이 확 밀려왔다. 동생은 감기만 걸려도 부들부들 떨던 엄마였다. 그런데 나는 다쳐도 혼나고, 아파도 외면받는 아이였다. 그후 나는 유리에 다리를 베이고도 혹시 또 혼날까 봐, 입도 뻥긋하지 못한 채 철철 흐르는 피를 수건으로 꾹꾹 눌러가며 혼자 지혈하고 엄마앞에서는 아무렇지 않은 척 상처를 감추었다. 제대로 치료하지 않아 상처가 곪아가던 어느 날, 결국 엄마에게 들켜 병원에 끌려갔더니 의사가 기겁했다. "이렇게 깊게 베였는데 지금까지 참은 거예요? 빨리 와서 상처를 기웠더라면 흉터도 작게 남을텐데, 왜 이제야 왔어요." 결국 내 왼쪽 다리엔 거머리처럼 보기 흉한 상처자국이 남았다. 지금도 가끔 그 흉터를 바라볼 때면 나는 그날의 기억을 떠올리곤 한다. 참고 숨기고, 혼날까 두려워 아무 말도 못했던 그때의 나를. 그리고 나를 그렇게 소심하게 만든 엄마의 싸늘한 눈빛을.

엄마가 된후 나는 체력적인 힘듦이 아니라 감정적으로 유독 힘들어하고 괴로워했다. 간혹 인터넷이나 텔레비존방송에서 어린 시절의 상처가 어른이 된후에도 여전히 크게 영향을 미친다는 육아전문가의 말에 열심히 귀를 기울이다보면'나는 회피형 애착일까? 아니면 불안정 애착형일까?' 라는 궁금증이 문득 들기도 한다. 곰곰히 생각해보니 평소 아이한테 자주 나 자신을 투영시켜 아이가 어린시절의 나와 비슷한 모습과 행동을 보이면 그만하라고 채근했고, 한없이 친절하게 굴다가도 불현듯 솟구치는 엄마에 대한 서운함이 폭발하면 괜히 별거 아닌 일로 아이한테 소리지르거나 화를 내곤 했다. 그러고는 또 뒤돌아서면 바로 후회하기 일쑤였다. 그러면서도 좋은 엄마가 되겠노라 자꾸 더 잘하려고만 하다보니 오히려 엇나갈때가 많았다. 나는 이런 일이 거듭될수록 어린 시절의 치유받지 못한 상처와 정서적 결핍이 원인이라고 믿었고, 그 믿음이 강해질수록 엄마를 향한 미움은 끊임없이 자라나 걷잡을수 없는 원망으로 치달았다.

'엄마는 왜 나를 조금 더 따뜻하게 대해주지 않았을까? 왜 나를 더 많이 바라봐 주지 않았을까? 왜 나를 너그럽게 품어주지 않았을까? 조금만, 아주 조금만 나한테 살갑게 대해주지…' 힘이 들수록 엄마에 대한 불만은 봇물처럼 터져나왔다.

그날도 울적한 마음에 엄마와 통화를 하던 중 엄마가 또다시 동생 편을 들길래 나도 모르게"역시 엄마는 아들밖에 모르잖아. 그럴 거면 차라리 날 낳지나 말지…" 라는 말이 툭 튀어나왔다. 엄마는 버럭 화를 내며 왜 자꾸 그렇게 비뚤어진 말만 골라서 하느냐고 쏘아붙였다. 나도 지지 않고 맞받아쳤다. 쌓이고 쌓인 옛 이야기들을 줄줄이 늘어놓으며 결국 이 모든 게 엄마 탓이라고 몰아세웠다. 불쾌한 기분으로 전화를 끊고 얼마나 지났을까. 엄마한테서"청도에 갈게." 라는 문자가 도착했다. 불편함과 상처 너머, 여전히 꺼지지 않은 모녀지정이 따뜻하게 살아있었다.

나는 마음속에 꽁꽁 숨겨두었던 은밀한 속심말을 꺼내놓았다.엄마는 두서없는 나의 말을 담담하게 듣고있었다. 지금 이 순간 엄마는 도대체 무슨 생각을 하고 있는걸까? 좀처럼 열리지 않는 엄마의 입술을 뚫어져라 쳐다보며 나는 괜히 마음이 복잡해졌다. 그렇게 오래동안 묵혀두었던 낡은 감정들을 조금씩 비워내고 있는 사이 바람은 점점 차가워졌고 이글거리는 석양이 붉게 타오르고 있었다.

"그땐 뭐, 하루하루 살아내는데 급급했지… 그래도 너희가 별 탈 없이 잘 자라줘서 참 다행이다." 바닷가 벤치에 조용히 걸터앉으며 건네는 엄마의 말소리가 잔잔하게 내안에 스며들었다.

오형제중 셋째 딸로 태어난 엄마는 형제들중에서 가장 총명하고 공부도 제일 잘했다. 그야말로 앞날이 창창한 수재였다. 그런데 운명의 장난처럼 외할머니가 앓아누우면서 엄마는 어쩔수 없이 학업을 중단하고 외할머니 병 시중과 집안일을 도맡아야 했다. 잔혹한 현실앞에 엄마는 꿈 많은 소녀에서 억척스럽고 강인한 여자가 되어버렸고, 어느새 두 아이의 엄마가 되면서 완전히 자신의 삶을 잃어버렸었다. 엄마의 미래를 지켜주지 못했다는 자책과 미안함 때문이었을까. 독불장군같은 성격인

데다 외손주는 필요없다는 말조차 서슴없이 내뱉을 정도로 극심한 남존여비 사상으로 한평생 자식들의 원성을 들어온 외할아버지마저도 엄마앞에서는 쩔쩔 맸다.

젊은 날의 엄마는 나처럼 누군가를 탓하거나 원망할 만한 여유도 없이 살아왔다. 나를 출산하자마자 몸조리는커녕 채 회복되지도 않은 성치 않은 몸으로 밭농사를 해야만 했던 엄마. 젖 먹이 아가였던 나를 할머니한테 맡겨놓고 논밭에서 일을 하다가도 할머니가 젖 달라 빼빼우는 나를 품에 안고 잰 걸음으로 달려오면 논두렁에 엉덩이를 반쯤 걸치고 앉아 젖을 먹였다고 한다. 엄마의 삶은 고달픔의 연속이었다.

겨우내 자식들도 다 키워놓고 생활도 많이 나아져 이제 좀 살만하다 싶으니 남편을 저 세상으로 보내게 됐다. 엄마는 다시 한번 처절하게 무너졌다. 그때 엄마 나이는 고작50대 초반이었다.

"너는 절대 둘째 낳지 말고 동우만 예쁘게 잘 키워. 그리고 하고싶은 거 다 하면서 후회없이 살아라." 엄마가 바다를 바라보며 말했다. 나는 눈가가 뜨꺼워져서 괜히 먼 산을 올려다봤다. 제 딴에는 두 자식한테 골고루 사랑을 주시느라 무진장 애썼는데도자꾸 한쪽에만 치우는 것 같아 은근히 미안했노라 고백하며, 세상에서 가장 어려운게 사랑의 균형을 잡는 일인 것 같다고 했다. 그러면서 어떻게든 자신의 삶을 내게 되물려주지 않기 위해 안간힘을 썼노라 털어놓았다. 단지 바르고 강하게 키우고 싫어서 선택한 엄한 육아방식이 내겐 이토록 깊은 상처가 될 줄은 미처 몰랐다며 조심스레 고개를 숙였다. 삼십여 년만에 처음으로 듣는 엄마의 진심에 나는 마음이 쿵 내려앉았다. 돌이켜보면 엄마는 참 무섭고 냉정했지만 내가 원하는 건 뭐든 다 들어줬다. 공부를 잘하진 않아도 하고싶다는 과외는 모두 시켜주었고, 대학입시에서 하찮은 점수를 받고도 기어코 북경에 가서 학교 다니겠다 조르는 바람에 학비가 곱절 비싼 사립대학에 보내주었다. 그리고 일본 유학까지 보내주셨다. 넉넉하지 않은 형편임에도 내가 남 부럽지 않게 누리며 자랄 수 있었던 건 엄마의"절대 나처럼 살지 말라."는 기대와 바램 덕분이었다.

엄마도 분명 자신만의 삶을 꿈꾸었을 것이다. 한때는 어여쁜 미래를 그리며 가슴 설레던 시절도 있었을 테지. 그래서 이루지 못한 꿈, 어쩔 수 없이 놓아야만 했던 찬란한 삶을 딸인 나에게 기대었는지도 모른다. 나만큼은 자신보다 조금 더 나은 삶을, 더 당당하게 살아가기를 바라면서.

그날, 우리는 마치 타임머신을 탄 듯 현재와 과거를 넘나들며 깊은 대화를 나눴다. 때로는 불꽃처럼 치열하고 격렬하게, 또 때로는 잔잔한 파도처럼 부드럽고 고요하게. 그렇게 오랜시간 얽히고설켜 있던 감정의 매듭들을 하나씩 풀어가며 엄마와 나 사이에는 말로 다 표현할 수 없는 애틋함과 이해, 그리고 사랑이 천천히 스며들기 시작했다. 상처와 아픔없이 성숙하는 사람이 어디 있으랴. 그동안의 모든 슬픔과 원망은 조용히 내 볼을 타고 흐르는 뜨거운 눈물 속에 실려 조금씩 그러나 분명히 흘러내리고 있었다.

엄마를 이해하기로 마음먹는 건 단순히 용서하는 일이 아니라 내가 어른이 되어가는 과정이었다. 이제는 나도 달라져야 한다고, 그동안 꽁꽁 닫아두었던 마음의 문을 스스로 열어야 한다는 생각이 들었다.

엄마도 처음 해보는 엄마라는 역할이 몹시 낯설고 서툴렀을 것이다. 자신을 감당할 곳도 없이 외롭고 힘든 시간을 홀로 견뎌야 했던 엄마. 나는 실컷 투정부려도 묵묵히 받아주는 엄마도 있고 적당히 삶을 즐길만한 여유도 있지만, 엄마는 환갑을 넘긴 지금까지도 개울가에 자식을 내놓은 어미심정으로 아둥바둥 살고 있지 않은가.

엄마와 함께 지내는 동안 행복에 겨워"시간아 제발 멈추어다오." 노래 부르는 나와는 반대로 엄마는 무척이나 조심스러워하며 시종 내 눈치를 살폈다. 옛날의 기세등등하던 엄마는 어느새 가냘프고 연약한 할머니가 되어 있었다. 항상 제일 가까이에 있으면서도 아주 멀게만 느껴지던 엄마, 정작 내가 엄마로서의 삶을 살아보니 자꾸 더 애잔하고 짠하게만 다가오는 엄마의 삶이 너무 처량하고 슬펐다.

삼박사일의 짧은 여정이 끝나고 아쉬운 마음으로 엄마를 배웅했다. 집으로 돌아오는 길에 나는 며칠 사이 알

차게 찍어둔 엄마 사진을 보며 마음이 축축해졌다. 엄마와 같이 밥 먹고 쇼핑하고 같이 잠들고 아침이 오면 잠에서 깨어 서로의 쌩얼을 마주하고 수줍게 웃던 시간들, 내가 그토록 원하고 간절하게 바라던 사소한 일들이 내 생애 가장 근사한 추억으로 남았다.

내 엄마가 되기전에는 작고 여린 소녀였을 엄마를 떠올리며 비록 표현은 거칠었어도 나를 아끼고 사랑하는 마음만은 진실이었음을 진하게 느꼈다. 항상 내가 힘들거나 지칠때 터벅터벅 걸어가 푹 안겨설 수 있게, 내가 다시 일어설 수 있는 힘을 얻을수 있도록 묵묵히 지켜주고 기다려주던 엄마에게 이제는 내가 비빌 언덕이 되어드리라 다짐한다.

"엄마, 저도 자식이 처음이라 철딱서니 없고 이기적이었어요. 미안해요. 앞으로는 제가 더 잘할께요."

호 림

· 연변대 일본언어문학부 졸업, 연변대 일본언어문학부 강사
· 1993 년 북경 일본학연구중심 연구원
· 1995 년 일본 츠쿠바대학 지역연구과 언어문예연구과 연구원
· 현재 일본 주식회사 삼문당CEO
· (사)재일본조선족작가협회 홍보국장
· 중국어 일본어 한국어로 논문 수필 칼럼을 다수 발표.
· 다니자키 슌이치로(谷崎潤一郎)의『슌킨쇼』(『春琴抄』)를 한국신한 문화원에서 번역출판

호림의 어머니

가족

'羅'자의 비밀

호 림

나는 문화대혁명 시기에 소학교를 다녔다. 동네에서도 큰집에 속했던 우리집에서는 어머니들의 행사가 자주 있었는데 회의가 끝나면 어머니 친구들이 노래도 부르고 춤판을 벌리기도 하였다. 그때마다 꼬마 가수였던 나에게 노래를 부르게 하거나 피리를 불게 하였다. 그날도 여느 때와 마찬가지로 피리를 불어드렸는데 어머니 친구들은 잘 했다고 칭찬을 아끼지 않는데 어머니만은 그다지 맘에 안 든다는 표정을 하고 있었다.

모두들 돌아가자 어머니는 "너 휘모리장단을 배우지 않겠니? 방금 연주한 「목민찬가」의 말달리는 부분은 빠른 휘모리 장단이었는데." 하고 말씀하셨다. 그 말에 나는 의아한 느낌이 들었다. 어머니가 장단도 아셔? 어머니는 자신이 낫 놓고 기역자도 모른다고 하셨는데.

하기는 자신이 문맹이라는 어머니가 우리의 성적이 낮으면 어김없이 혹독한 매를 들었다. 그리고는 선생님한테 끌고가서 틀린 곳을 고치고 이해하게 했다. 우리 형제들은 어머니의 매질이 얼마나 혹독한지 안다. 얼굴이 하얗게 질려서 독사 눈으로 노려보며 매질하는데 매를 맞기 전부터 우리는 이미 그 기세에 눌려 숨도 제대로 못 쉬었다.

특히 나한테 제일 혹독했다. 그래서 나는 어머니가 계모인 줄 알았다. 그러던 어머니가 장고를 배워 주신다고 한다. 어머니가 장고를 치는 것을 본 적이 없는 나는 어머니의 실력을 알 수 없었으나 미심쩍은대로 장고를 배우겠다고 했다.

그러던 어느 날, 누나들은 다 학교에 가고 나와 어머니만 있었는데 어머니가 장고를 들고 오시더니 케이스를 열고 장고를 꺼냈다. 어머니는 먼저 장고의 모든 부위를 깨끗한 천으로 닦게 하고는 장고의 여러 부위와 명칭을 하나하나 알려줬다. 그리고는 옷 매무시를 단정히 하고 심호흡을 하시더니 북 줄의 탕개를 조이고 장고채를 쥐었다.

장고채가 북면에 닿는 순간 따당- 하는 장고소리가 울리자 온 집의 공기가 팽팽히 조여 들었다. 어머니는 능숙하게 장단의 여러가지 기교를 보여주었다. 고저장단 강약장단 등 여러가지 장단을 조합한 퍼레이드였는데 어머니가 장고 전문가 인줄 몰랐던 나는 깜짝 놀랐다.

특히 휘모리를 연속하여 치면서 강으로부터 약으로, 약으로 부터 무로 음을 줄이는데 음가에 따라 소리가 낮아질수록 장고를 치는 어머니의 손동작이 빨라진다. 소리는 멈추는 듯, 장고벽을 칠 듯 말 듯하며 계속 빨라진다. 음과 음사이의 간격이 등차수열인지 등비 수열인지 모를 정도로 어머니의 손움직임이 빨라지는데 소리가 멎은 후에도 2 마이너스 데시벨에의 소리를 연주하고 계시는 어머니의 이마에서는 땀이 비처럼 흘렀다. 소리가 멎은 후에도 들리지 않는 소리를 계속 낮추고 계셨다.

그후 나는 오랫동안 문화사업을 하면서 많은 타악기 연주가들의 연주를 봐왔지만 마이너스 데시벨로 무한히 돌진하는 연주자는 본적이 없다. 어머니는 나에게 양산도장단, 굿거리장단. 자진모리 장단을 가르쳤고 제일 마감에 휘모리를 가르쳤다.

워낙 여러가지 민요를 외우고 피리를 연주하는 과정에서 장단절주를 어느 정도 알고 있었던 터라 금방 이해하고 습득할 수 있었다. 피리실력도 나날이 늘어갔다. 그 후로부터 시간이 나면 장단을 익혔지만 그날 그날 이후로 어머니는 절대 다시 지도하는 일이 없었고 또 당신한테서 전수받은 일을 나가서 떠들지 말라고 당부하였다.

그후로 중학교나 고등학교에는 따로 음악선생님이 없어서 음악공부를 계속할 수 없었다. 대학을 가니 다행이도 예술학교 교수님들이 문예활동을 지도하고 계셨으나 서양식 창법만 가르쳐서 국악교육 같은 것은 접할 기회가 없었다. 그러다 나니 나의 아마추어 예술생애에서 위력을 발휘한 것은 어머니한테서 배운 장단일 뿐이다.

학생시절에 여러 친구들에게 장단을 가르쳐 문예절목을 만든 것도 대학교에서 학생총회 문화부장으로, 학생예술단 단장으로 임명된 것도 다 어머니한테서 이어받은 장단실력을 인정받았기에 가능한 일이었다. 그리고 일본에 유학 와서 조선족 사회에 남성중창을 선보이고 또 처음으로 재일본조선족 남성중창단을 설립한 것도 상기의 맥락의 계승이라 할 수 있을 것이다.

만일 이 모든 것이 어머니의 세밀한 기획에 의한 비전이었다면 어머니가 일자무식이라는 평가는 한번 의심해 볼 만한 일이었다.

예전에 이토츄 상사의 타마츠쿠리 회장님과 한국에 출장 갔다가 형제들을 만나서 어머니에 대한 이야기를 하게 되었다. 내가 어머니가 일자무식이라는 데에 의의를 제기하자 누나들도 특수 계산법을 사용하여 이자를 계산하는 것을 보면 무식은 아닐 것이라고 맞장구를 쳤다.

그러나 거의 가학성에 가까운 엄마의 과격한 성격과 혹독한 학대성향을 보면 일자무식이 틀림이 없다고 추측하기도 했다. 큰 매형만이 엄마는 일자무식이 아니라고 주장했다. 그 근거로 내가 아직 어리던 50 여년전 겨울에 있었던 일을 들었다. 호구등록을 하면서 매형이 전라남도 목포라고 적었는데 그 '라'자를 군대에서 배운 대로 넉 사자 밑에 저녁 석자를 붙인 간체자 '라罗'자를 적었다.

그것을 지켜보던 어머니가 "전라남도 '라'자는 넉사자 四에 섬유유維자를 쓰네!"하고 말씀하셨다고 한다. 그러고보니 나도 그날 기억이 어렴풋이 났다. 마침 밖에 바람이 불어 아궁이의 석탄이 타면서 가마가 부풀어 올랐는데 그때 가마뚜껑에서 가마벽을 타고 내려오는 물을 식지와 중지로 찍어서 가마목에 번체자 羅라자를 멋지게 적어 보이었다.

획수가 많은 데다가 또 뜨거운 가마목에 쓴 글자들이라 금방 증발하며 글이 지워지는 바람에 어머니가 네 번이나 거듭하여 쓴 후 매형이 그대로 받아쓰던 기억이 났다. 당시 매형이 당황하며 놀라던 모습이 떠올랐다. 매형의 말에 의하면 네 번 쓴 글씨가 모두 멋 있었는데 중지로 검은 콘크리트 가마목에 적은 글씨는 한석봉의 붓글씨를 연상시킬 정도로 명필이었다고 하였다. 나는 가끔이 '羅라'자가 생각날 때마다 일자무식인 어머니가 용케 그렇게 어려운 글씨를 기억하셨다는 것이 내심 희한하게 느껴졌다.

한국에 있는 동안 매형이 처갓집 삼촌들을 통하여 알아본데 의하면 어머니는 전라도 갑부의 딸이었는데 서울의 한 부잣집 수재와 함께 일본에서 유학을 마치고 일본이 패망하는 달인 8월초에 동경에서 비행기를 타고 만주의 신경에 도착했다고 한다.

그러나 일본이 패망하며 일제에 협력했던 모든 인원을 색출해서 투쟁하고 재산에 따라 계급을 획분하고 단결대상 투쟁대상 혹은 청산대상을 규정하는 시대에 어머니는 철저히 신분을 감추고 유산자로부터 무산자로, 유식자로부터 무식자로 탈바꿈하지 않으면 안되었을 것이었다. 말이 간단하지만 지식인이 무식자인체하고 세상을 살아간다는 것은 우리의 상상을 초월하는 강인한 의지와 신념이 필요했을 것이다. 그런 의지와 신념이 흔들릴 때 그 절망감이 당신의 의지를 떠나 우리에 대한 혹독한 매질과 가혹한 요구로 나타난 것이 아니었을까?

한국출장에서 돌아와서 엄마가 무식자인지 유식자인지를 고민하던 중 이 고민을 수필로 적어보려고 했다. 그런데 몇 번이고 썼다 버리고 썼다 버리고 하다가 오늘도 결국은 어머니에 대한 의혹이 눈덩이 구르듯 커져 그 무게에 눌려 한 글자도 못 쓰고 책상에 엎디어 펜을 쥔채 잠이 들었는데 비몽사몽간에 어머니의 꾸짖음 소리가 들려온다.

"요 발칙한 놈아, 경사자집経史子集, 시서운율詩書韻律을 두루 공부했고 대학에서 문학을 가르쳤다는 놈이. 엄마가 일자무식이었냐 아니었냐 하는게 그렇게 궁금하냐? 일자무식인 제 어미가 '羅라'자를 쓴 게 뭐가 그리 희한하다고. 이 놈아, '羅라' 자가 10 개의 글자로 구성된 것은 알고 있느냐?

천지를 나타내는 글자와 사방을 나타내는 글자, 씨실経과 날실緯을 나타내는 글씨는 찾아본 적 있어? 그 글이 나타내는 의미와 그 글을 구성하는 글자들의 의미를 다 알아야 글을 안다고 할 수 있는 거다. 내 장고연주도 예기禮記 곡례曲禮에 나오는 청어무성중聴於無声中, 시어무형중視於無形中이란 말의 가르침을 터득하고 인용한 거다.

결국 유형유성有形有声의 상태로 유형무성有形無声의

상태를 연출하고 또 유형무성에서 무성유시無声有詩의 경지를 연출하려고 했던 거야. 무슨 데시벨같은 소릴하고 자빠졌네. 나는 너를 사서오경으로 인도했지 양학을 가르치려 했던 게 아니야. 등신같으니라고!"

청산유수 같이 쏟아지는 어머니의 욕설을 들으며 나는 그동안 어머니가 머리 안에 쌓인 지식을 쏟아내지 못하고 어찌 참으셨는지 하는 의문이 들었다. 순간 나는 어머니는 일자무식한 사람이 아니었다는 것을 확신하게 되었다.

학식이 있으면서도 없는 척하면서 거짓 삶을 살아야 했던 어머니! 그 울분을 마음 속으로 억지로 삭이려고만 했을 어머니의 삶이 너무 애처롭고 억울하여 눈물이 솟아올랐다. 하얘진 얼굴로 자식들에게 가혹한 매를 들면서 어머니가 바랐던 것은 마음껏 배울 수 있는 기회를 소중히 여기며 열심히 살아줬으면 하는 소망이었을 것이다.

전라도 '羅라'자에 담긴 어머니의 비밀, 그것은 생각만 해도 마음이 아픈 그 시대에 어머니가 엮은 생의 찬가였다.

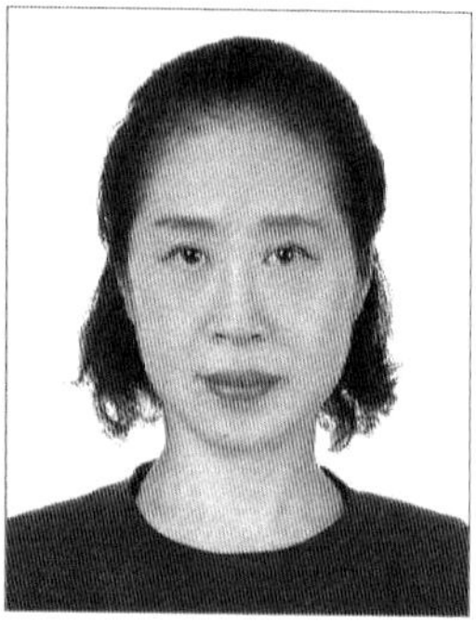

최 정 실

· 심양 출생. 동북사범대학 중문학부 졸업. 전 심양시예술사범학교
· 료녕성조선족사범학교, 코리아국제학원(일본 오사카) 교사 역임
· 료녕성조선족문학회 회원, 재일본조선족작가협회 회원
· 수상 다수. 수필 시 다수

최정실의 어머니

가족

울 엄마도 꽃을 좋아했다

최정실

해마다 등불 같이 환한 목련 꽃이 피고 지고 여기저기 연분홍 벚꽃이 벙글댈 때면 나는 고향에 계시는 엄마가 생각나 눈물이 난다.

25년전 가을이었다. 나의 일본에서의 출산을 맞아 엄마는 일본에 오시게 되였다. 우리 집 바로 옆에는 데라카와寺川란 강이 있고 그 무렵 강가에는 여섯 개의 피침모양의 꽃잎이 우산처럼 활짝 핀 상사화가 질펀하게 깔려 있었다. 엄마는 산책하러 강변에 나갈 때면 꼭 상사화를 꺾어 들고 왔다.

상사화는 잎이 먼저 올라오지만 꽃대가 올라오기 전에 말라버렸다가 꽃이 피고 지고 난 다음에 또 다시 잎이 돋아 난다. 잎과 꽃이 다른 시기에 피어 상사화라 이름 지었으며 꽃말은 '이룰 수 없는 사랑'이라 한다.

꽃말이 슬픈지라 나는 엄마가 상사화를 꺾어 집에 들어오는 것이 왠지 마땅치 않았다. 그래서 엄마에게 더는 상사화를 꺾어 들고 오지 말라고 당부했다. 엄마는 나의 반응에 피씩 웃더니 "참, 난 왜 이렇게 꽃이 좋은 지 몰라, 내가 너무 꽃을 좋아해서 딸 여섯을 낳았나 봐"라고 무심코 한마디 던지는 것이었다.

"딸 많은, 딸 부자집"이란 말이 나오면 엄마 그리고 우리 온 집안의 아픈 과거가 떠오른다.

엄마는 열 아홉 꽃 나이에 삼대독자인 아빠와 결혼하였다. 엄마가 장녀를 낳았을 때는 증조모도 생전이었는데 증조모는 계집애를 낳았다고 서운하여 하며 눈이 퉁퉁 붓도록 울었다고 한다.

근데 그 후도 줄줄이 딸을 다섯이나 더 낳았으니 엄마의 끓는 속은 더 말할 것도 없었다. 딸의 이름을 '먹식'이라 지으면 바로 밑에 남동생 본다고 해서 다섯째 딸을 낳았을 때는 '먹식'이란 이름까지 지어 보기도 했다. 하지만 그것도 허사였다. 결국 여섯 번째도 딸이었다. 거기에다가 정부의「산아제한」정책 위반으로 엄마는 동네 부녀주임 자리까지 내려놓지 않으면 안 되었다.

20년간 엄마는 딸 여섯을 낳았다. 그때마다 몇 날 며칠 눈물을 훔치는 할머니를 보며 식구들 모두가 가슴을 조여야 했는데 집안 분위기가 마치 초상난 집 같다고 해도 과언이 아니었다.

어릴 적부터 꾀꼴새라 불리며 무대에 서서 노래를 불렀던 엄마는 딸을 낳을 때마다 얼마나 울었던지 목이 꽉 잠겨 더는 제대로 노래도 부를 수 없게 되었다

아버지가 학교 교사였고 엄마 또한 지난세기 40년대의 고졸이었으니 당시에는 지식인 층에 속했으며 우리 자매들도 하나같이 다 공부를 잘해서 시골인 우리 동네에선 꽤나 뭇사람들의 부러움을 자아내기도 했다. 하지만 엄마는 아들을 못 낳았다는 이유로 죄 지은 사람처

럼 항상 고개도 제대로 쳐들지 못했는데 그런 엄마를 보며 우리 아이들까지도 풀이 죽었었다.

하늘이 우리 집안을 긍휼히 여겼던지, 엄마의 '아들 낳기' 도전에 감복하였는지 엄마는 43살 나는 해에 끝내 일곱번째 출산을 하여 드디어 아들을 낳는데 성공했다.

아들을 낳아 겨우 기를 폈지만 슬하에 일곱자녀를 둔 대가족의 가난이란 무거운 짐 같아서 힘겹기만 했다.

엄마는 그 시대 다른 어머니들처럼 묵묵히 밖에 나가 일하고 집에 돌아오면 밥하고 빨래하며 분주히 서두는 일상을 거듭했다.

소꿉친구 옥희 엄마는 애들에게 맛있는 것도 사주고 예쁜 옷들도 사주며 애들이랑 얘기도 잘 주고받았지만 기억속의 울 엄마는 한 번도 딸들을 정겨운 눈길로 바라본 적도 따뜻하게 품어준 적도 없었다. 엄마가 스스로 자신의 얘기를 들려준 적은 더더욱 없었다.

오랜 세월 엄마에 관하여 나는 아는 것이 없었다. 엄마가 비위가 약해 비린내 나는 물고기를 못 드시는 것과 멀미가 심해 차를 못 타 어디도 못 가는 것밖에는 아무것도 몰랐다.

내가 엄마를 조금씩 알기 시작한 것은 중국의 개혁개방 정책이 실시되어 가난에서 벗어 나기 시작한 80년대 초기로 엄마가 50대 중반이었을 때였다.

그때 내가 살던 동네 학교에서는 그동안 사용했던 오르간을 폐기하고 피아노를 들였는데 엄마는 처음으로

학교 교사인 아빠한테 입을 열어 폐기하는 오르간을 저렴하게 사들였다. 그리고는 매일과 같이 오르간에 매달리더니 빠른 시일내에 곡을 제대로 쳤다. 엄마가 초등학교에 입학했을 때 교실에 피아노가 놓여 있었는데 그 피아노를 너무 치고 싶어 피아노 주변을 얼마나 맴돌았는지 모른다 하였다. 엄마에게도 어릴 때 간직한 간절한 소원이 있었다는 걸 그때야 나는 처음 알았다.

"참, 내가 꽃을 너무 좋아해 딸 여섯을 낳았나 봐"하고 말할 때까지 엄마가 꽃을 좋아한다는 것을 모르고 지냈다. 오랜 세월이 지난 내 나이 40에 가까이 되어서야 그것을 알았으니 ….

이 세상에 꽃을 싫어하는 사람이 얼마나 있겠느냐마는 왜 나는 엄마가 꽃을 좋아하는지 생각조차 해보지 못했을까? 엄마가 한 번도 꽃을 좋아한다는 말도 내색도 내지 않은 것이 이유가 될까?

「불효자는 웁니다」란 노래가 내 귓전을 아프게 때린다. 한 번도 울 엄마가 얼마나 꽃을 좋아하는 지를 생각해보지 못했다. 엄마의 삶에서 가장 큰 아픔과 바꿀 정도로 좋아했는데도 ….

엄마와 나는 상사화의 꽃과 잎처럼 바다를 사이두고 중국과 일본에 떨어져 살아서 그리울 때도 쉽사리 만나지 못한다. 백화 만발한 꽃의 세계가 다가오니 엄마가 보고싶어 눈물이 난다.

엄마를 다시 만날 땐 꼭 이 세상 가장 아름다운 꽃 다발을 한아름 안겨줄 것이다.

그리고 미안하다는 말 한마디도 꼭 잊지 않고 하련다.

찬란한 햇살아래 눈부신 금빛 황매화가 하롱하롱 봄바람에 나붓댄다.